太原科技大学来晋工作优秀博士奖励资金项目"现代……当代女性的生活叙事及其机制研究"（W20202001）

The Rising of Niangjia and
Reconstruction of Boundary:
…n the Relationship of Niangjia and
…lear Family in North City in China

娘家崛起和界限重构：

北方城市小家与娘家的关系研究

刘　洁◎著

经济管理出版社
ECONOMY & MANAGEMENT PUBLISHING HOUSE

图书在版编目（CIP）数据

娘家崛起和界限重构：北方城市小家与娘家的关系研究/刘洁著 . —北京：经济管理
出版社，2022.9
ISBN 978 - 7 - 5096 - 8737 - 6

Ⅰ. ①娘… Ⅱ. ①刘… Ⅲ. ①妇女—社会关系—研究—北方地区 Ⅳ. ①D442.7

中国版本图书馆 CIP 数据核字（2022）第 177551 号

组稿编辑：何　蒂
责任编辑：何　蒂
责任印制：黄章平
责任校对：陈　颖

出版发行：经济管理出版社
　　　　　（北京市海淀区北蜂窝 8 号中雅大厦 A 座 11 层　100038）
网　　　址：www. E - mp. com. cn
电　　　话：（010）51915602
印　　　刷：北京虎彩文化传播有限公司
经　　　销：新华书店
开　　　本：720mm×1000mm/16
印　　　张：11.5
字　　　数：160 千字
版　　　次：2022 年 10 月第 1 版　　2022 年 10 月第 1 次印刷
书　　　号：ISBN 978 - 7 - 5096 - 8737 - 6
定　　　价：78.00 元

前　言

在既有的社会学研究中，娘家是一个长期被忽视的议题，而娘家的活跃则是如今不争的事实。有关娘家的认知，"嫁出去的女儿泼出去的水"是对父权制社会中女性被"他者"化、娘家被边缘化的生动描述，但是这并不能否定彼时娘家在女性生命历程和生活世界中的重要意义与深刻影响——就如同"子宫家庭"的发现那样。伴随现代化进程的推动与个体化社会的到来，受女性地位提高和家庭功能网络化等结构性事实的影响，娘家的崛起成为社会嬗变在家庭生态和女性遭际中的投影。娘家的兴起推动了娘家研究的发展，对娘家的研究则丰富了女性主义、家庭研究和亲属关系的知识，拥有独特的现实与理论意义。娘家研究不仅反映出女性家庭和社会地位的降升，以及家庭日常生活的实践形态，也传递出亲属结群女系化的新趋向。

在家庭生活中，"界限"是一个通常不会被特别提及的概念。不论空间上的"分家""新居"，还是心理上的"巨婴""依恋"等，都暗示着在家庭这一微观互动场域中，界限之划定与流变的普遍存在和深刻影响。"界限"一词作为对成员资格、资源流向、关系厚薄等的概括，不啻于小家同娘家关系的一条线索。对妇女而言，她所经营的小家正在经历着被从娘家"泼出去"到再被娘家"拉回来"的界限重构过程。

本书以女性主义为视角，采取质性研究的方法，运用目的性抽样法选取调查对象，并综合运用半结构式访谈、参与观察法和文献法等，对当代小家庭同娘家之间"关系性的工作"进行了研究。概括地说，本书旨在对小家与娘家重构界限时的前提、过程、语境和后果做出观察及分析。本书主要研究的问题在于：当娘家崛起，小家同娘家的关系究竟如何，以及为何如此。

伴随代际的更替，曾经约束坐月子女性的回娘家禁忌失却了厌女的传统属性，其延续则反映出对比"50后"或"60后"和"80后"或"90后"的女性，家庭权力不再是对嫁女的单向约束，而包含了代际交换、情感劳动等多重指向，这反映在回娘家禁忌中，便出现了年轻女性"不信"却顺从的理性选择。多维度的家庭权力丛簇彰显出女性在家庭生活中的主体性。家庭权力的流变，奠定了小家同娘家关系形成的一个重要前提。

当我们把视线投向连接两代家庭的育儿合作时，能够对娘家崛起的事实和影响产生更深刻的体悟。我们观察到小家与娘家（和婆家）等之间出现了合和、分离、重立以及混乱四种"理想类型"，它们使家庭成员的家庭观念得到生产与再生产，而女性总在其中扮演着重要角色。具体来说，合和指小家同娘家相处融洽，分离指小家与娘家关系疏离，重立是指两者关系的重新建立，混乱则指小家与娘家分合并存、时有冲突。换言之，小家同娘家之间不再是"既嫁曰归"的传统形态，而演变出了更多可能。合、分、立、乱四重形态的交迭错落，编织出了跨代育儿的类型学和群体动力学。

制度差异往往是社会异质性的最大公约数，娘家介入也不例外。娘家介入是小家同娘家关系的一种具体表现，当娘家介入对"50后""60后"的年长代女性具有消防员的意义时，"80后""90后"的女性则在既受其利又受其累的状态中，感受着娘家介入的运动员角色。这样的代际差异性映射出了家庭制度在改革开放前后的变迁，即从以政治为取向到以功利为取向。而勾连家庭制度和娘家介入、体现娘家介入制度嵌入性的力量，则是具有情境定义功能的适当性机制：对年长女性来说，合法家庭注重形式完整以实现工具性目标；对年轻女性来说，合法家庭既因自我文化要"为自己而活"，又要靠家庭来满足福利需求。娘家介入帮助年长女性把生活"过"下去，而使年轻女性在感到轻松、自由、方便的同时，也可能遭遇委屈和折磨，体验到竞争性亲密关系。

上述种种现象都呼应了"家长里短"这四个字，此成语暗示家庭是和谐与矛盾的一体两面，但无论前者抑或后者，小家庭的维系都表明了其在日常生活中对于平衡的达成——虽然这可能在"出钱"与"出力"之间发生不平，并在讲究"谁出钱谁就是股东"的公平交易和"是男性（家属）就该付出更多"的性别分工之间出现不同的理解。此外，在小家庭实现平衡的过程中，女性的身影引人注目，但这并不能确保其地位的高低。

通过对娘家同小家建立与维持关系之基础、类型、机制与结果的研究，本书在最后指出，面对无论是学术话语中的"子宫家庭"概念还是日常叙事中的"娘家"称谓，当代女性都以"我家"或"我妈"取而代之。称呼的变化不仅是女性主体性的表达，也意味着"性别"和"家庭"不单是静态的名词，还能够作为动词发挥影响。

概言之，娘家已不再是把出嫁女儿"泼出去"的外姓亲戚，而成为有太多"拉回来"可能的亲属。小家和娘家曾经被宗族制度所分隔，但同时因实利与情感而"偷偷"联结，如今小家和娘家则正大光明地亲密着，两者关系的重新建构既充满烟火气，也在激发着社会学想象力。包含娘家同小家对彼此界限的重构在内，在时代洪流中，如何于日常生活世界中形成明晰的权界意识，是值得每一个家庭中人思索与行动的话题。本书对于娘家的研究，让我们看到了女性主体的创新与无奈、家庭生活的策略与争执以及亲属互动的情感与利益。作为女系化关系的典型，小家与之重构界限时，娘家的角色和作用凸显出了现实的复杂。

目　录

第一章 导 论

嫁女之家，三夜不息烛，思相离也。

——《礼记·曾子问》

通常，举行婚礼的时间由男方家决定。婆婆的去世有可能使婚期提前。但是，娘家也有权力提出推迟或提前举行婚礼。如果他们需要女儿在家里做帮手，婚期就有可能推迟，如果他们认为让女儿早日出嫁，多省一口粮食更重要，那么婚礼就可能提前举行。

——许烺光

已婚妇女跟娘家的纽带不断增强，而娘家父母对已婚女儿的感情投入和物质投入也在不断增强。这个趋向如果持续注前发展，就可能彻底地将我们中国的单系家庭转变为双系家庭，如果这个转变实现了，它的影响是非常深远的。

——阎云翔

"娘家"这一词汇，总能唤起满载亲情的回忆，一提及"回娘家"，便可从繁重或冰凉的外界脱身，任美好的情愫氤氲涌动。然而，即使我们不认为"符号进行欺骗"那么远，"娘家"作为实体和隐喻所蕴藏的事实、过程与机制也需要进行细致考察，而不是由它习焉不察地悄悄溜走。娘家的真实状态如何，它怎样影响了亲属结群、家庭运转和女性经验，娘家所根植的时代脉络又具有什么特征？凡此种种，都值得在娘家研究的框架中细细检视。

"我们那会儿哪儿像你们现在，你们一家一个……"在生活中，常听到老辈人对着今天的"80 后""90 后"发出如此感慨，显然，他们口中的"一家一个"是中国实施了三十余年的独生子女政策之产物，这一人口规划改变了千万家庭的结构和关系，也成为使"娘家"这一古老的现象焕发出新的生机的关键因素。

"娘家"是一个日常化的词汇，蕴含丰富的社会学信息。父系家长制中，娘家与女儿的联系在时间、空间、社会和心理等层面相对有限而疏离，"女儿如鸟，到时即飞"，对女性来说，"飞"之前在娘家的生活是为"找婆家"准备，"飞"出去后再回娘家便已成外来的"客"①，此时，娘家与娘家研究都不受重视。世易时移，中国社会置身其中的现代化孕育出多声复义、多态杂食的现实结构，家庭变革亦不例外。今天，当市场化改革为姻亲关系提供了广阔的活动机遇时，当家庭的福利提供意愿和自我保障能力被极力榨取时，当女性面临频繁流动、激烈竞争与母职惩罚等事实时，娘家亦从边缘化的"后台"登上了更有影响力的"前台"，娘家研究也在重视女性经验、关注日常生活的范式转向中显现。概括地说，围绕娘家所展开的生活空间和生命重心的转移与重塑，提供了理解女性、理解家庭、理解亲属关系的一条本土化且性别化的线索，并可由此来审视它们所嵌入及导致的结构性事实。

娘家是女性的出生家庭，作为社会性别化了的亲属群体，娘家的女性本位特征意味着它是倾听女性声音、书写女性叙事、阐释女性经验的重要窗口。娘家的形成以女性婚嫁成家为起点，一方面小家的诞生表明了与娘家（和婆家

---

① "女子一旦结了婚，她就是以一种客人的身份回娘家了"（韩敏，2007）。

等）的"断奶"，双方通常会在法律和经济意义上分化为相对独立的单元，另一方面小家的维系又时常离不开娘家（和婆家等）的"喂奶"，而且娘家（和婆家等）多少还在未来期待着小家的"反哺"。当宗法制的文化规范让位于具有选择性、探索性并个人化的关系实践时，娘家同小家互惠合作的过程也为争执冲突的爆发埋下了隐患，两者间的纽带变得灵活、多元，或远或近、或亲或疏，这意味着，小家庭和大家庭在建构界限时充满了可能与流变。所谓"界限"，是指对成员资格的确认或否定，它标识出互动的方式、程度、范围等，而小家同娘家往来的发生、维系、磨合、调整，即可视作界限的定义、改变、再定义、再改变。一言以蔽之，界限的重构，不啻于理解娘家与小家关系的一把锁钥。

本书以娘家同小家之间的界限重构为研究对象，旨在探讨在现代化进程中，当女性的婚姻家庭即小家与其出生家庭即娘家的互动日益频繁时，两者是如何确定、协商、争论、实践彼此界限的。通过观察并分析小家同娘家互动的基础、过程、背景和结果，以期回答如下问题：娘家与小家是在什么样的前提下确立彼此界限的，它们制造彼此界限的方式包括哪些，两者对界限的划定是受自身怎样的结构性力量，小家与娘家的界限又对家庭生活特别是女性造成了何种影响。本书希望通过对上述问题的解答，为家庭研究、女性研究以及亲属关系研究提供更多的想象力与实证材料。

第一节　研究背景与问题的提出

如今，无论赡养老人、抚育幼儿还是亲戚互动，娘家和小家的紧密联系都得到了统计分析、个案调查与日常经验的证实。娘家的地位、作用和家庭制度及女性相关境遇以及以女性为中心的娘家与小家之关系，因不同的时代环境而样貌迥异，并会对现实生活造成影响。

在父系家长制中，以"女人的交换"为核心的亲属制度使女性被异化为家族繁衍的工具、任凭差遣的劳动力和集团联盟的媒介（斯特劳斯，1999；莫里斯·弗里德曼，2000；卢宾，1998），女性的出生对娘家而言是"弄璋"，待出嫁方是"于归"，终其一生都在扮演附庸者的被动角色。这样的描述与我们熟知的"五四"妇女史观若合符节，但将整体的、均质的、单数的妇女作为受压迫者的概括，难免失之粗疏，特别是，生养女性的娘家并非毫无价值，即使其声音微弱，我们依然能够捕捉到娘家作为行动者而非失语者的踪迹，如同娘舅①在一些地方风俗中的重要性所暗示的那样——"家族的庇护功能显然在保护本家族妇女这点上是不含糊的"（金一虹，2015）。

随后，当现代化解除了娘家的外在限制——父权制的合法性，并为娘家的兴起创造出了越来越多的可能时，亲属网络中的娘家作为亲情归依、家庭福利与社会资本等的价值便名正言顺和光明正大起来，就此，不妨列举两例。

其一，唐灿、马春华、石金群（2009）指出，村落中女儿对娘家的赡养活动异于儿子，表现出提供温饱之上的物质和精神支持，不求回报，作为"孝"并非"养"的表达，自愿而非正式等特征。被排除在父系的传承制度和代际模式外的女儿，养老的动力"首先来自于亲情，并在日积月累的行动中成为不可推避的责任和义务"，这是一种"累积性责任"。

其二，张乐天（2005）发现：

一个自然村有各种各样的村际联系，其中姻亲联系有特殊的意义。一个姑娘嫁到某个自然村以后，她就沟通了这个自然村与她"娘家所在的"那个自然村甚至那一地区的数个自然村之间的联系，这种联系具有特别的亲密性和可

---

① 舅舅被看作"男性母亲"。

信赖性。如果她是一个热心的人，由于她的活动，这个自然村与她"娘家所在的"地区可能缔结较多的姻亲关系。村民称这种情况为"找对象的方向性"。实证资料证明了这种方向性。

由于"嫁女与娘家的联系是双向的"（金一虹，2015），故而娘家的沉浮会受制于并作用于女性地位的降升。换言之，娘家是以女性为主体的亲属关系，而缺失了女性视角与经验的家庭意象必定是不完整、不客观、不系统的，甚至无法据此对宏观社会做出恰当判断，如是，便奠定了以娘家作为对象来予以考察的必要性，娘家研究对于了解女性的现实处境、家庭的实际生活以及亲属关系的运行状况，都提供了重要而富有启发的信息。

上面的陈述使我们初步明了了研究娘家的现实价值，但考察并不该止步于此。当"婆家人欢天喜地抱孙子，娘家妈却哭倒在地"这种画面感强烈的标题博人眼球时，当小区中出现了越来越多管带孩子的姥姥、姥爷时，我们不仅看到了娘家与女性及其小家的亲密往来，更感兴趣于娘家变得重要之后将发生什么，即娘家的兴起会对女性、家庭、亲属关系产生怎样的影响，而这又会向我们呈现哪些不同于以往家庭研究的事实与道理。

受国家、市场乃至全球化的冲击，发生在社会转型的背景中，家庭规模的小型化伴随着家庭结构的流动化与家庭关系的多元化，而家庭生活多由女性主导的事实，则便利了其所在的小家同其出生家庭也就是娘家的互惠互利，情感的亲近、互动的紧密、需求的多重既可以巩固亲女性的娘家同小家的合作，也可能为彼此的紧张与冲突创设机会，一切都显得灵活而不定，在娘家同小家来往频繁的过程中，两者会遵循或重塑怎样的规范，这将带来哪些积极、消极或中性的后果，这源于怎样的微观与宏观基础，对之又该如何认识，这些疑问，都将我们引向了一个极具现实性和解释力的概念——界限。界限在可见的与不可见的层面塑造着人们的行为模式和互动期待，对界限的考察意味着检视双方形成亲疏尊卑的动因、机制、过程以及功能等，而建构界限这样"通过定名和实践活动，来树立一种边界并标明这种边界，在这种边界之内确立一系列会起作用的独特理解与实践做法”的"关系性的工作"① （泽利泽，2009），就成为理解娘家同小家来往的可行途径。

本书的现实意义在于，在家庭与人口转型的过程中，以本土化、情境化、女性化的娘家的活跃这一事实为前提，围绕娘家同小家对界限的重构，来检视女性的经验、家庭生活的特征以及亲属关系的逻辑等内容。

第二节　娘家研究的理论价值及学术意义

综上所述，对娘家和小家界限重构的考察关联着对女性、家庭与亲属关系等社会事实的理解，这三方面也构成了本书的理论对话点。

其一，娘家研究对女性主义的意义。流派纷呈的女性主义敏感于女性经验超越"男流"（malestream）的独特价值与核心地位（吴小英，2005），强调女性主义意识（feminist consciousness）的作用和力量（吴小英，2002），并显示出鲜明的政治取向。当观察世界时，具有社会性别视角的女性主义的意义不仅在于材料之填补，更因其独特的认识论与方法论而有助于破除遮蔽现实的性别盲视。但不可否认的是，女性主义是诞生并蓬勃在西方学术土壤及生活世界的思潮，对本土研究而言，其洞见既富有启发，又无法照搬，就此来说，强调女性主体性的娘家研究乃是对女性主义的一次应用与检验。

对大多数女性来说，娘家伴随她的成长、成婚与成家，绵延为一生的牵

---

① 关系性的工作即对各种关系进行区分，确立不同关系之间的边界，以及把不同的关系与经济交易、媒介进行配对等，还包含借助亲密关系来实现经济交易的意思。

挂。娘家是性别化的亲属关系，从某种意义上来说，娘家研究多是由女性所做、与女性相关、对女性有利的研究，因而响应了女性主义的主张和诉求。娘家研究秉持女性主义立场论（feminist shandpoint），主张女性的立场有助于克服男性中心的偏狭，从而对知识的生产做出新贡献（吴小英，2003）。在方法论层面，娘家研究则聚焦日常生活，关注复数形态的女性经验（Harding，1987；魏开琼，2008）。

费孝通（1998）说："女子的社会关系到了结婚之后才比较复杂。"虽然伴随着女性进入公众领域，婚姻已不再是她们人生中的唯一大事，但是它足以启发我们去重视女性婚后在经营小家过程中同娘家所经历的界限再造。概括地说，娘家研究以女性主义为指导，从女性的生活世界出发，旨在呈现女性本位的家庭叙事和亲属实践，是对女性主义知识落地本土的尝试。

其二，娘家研究对家庭研究的意义。在现代化理论所构想的家庭模式中，现代化带来公私分立，以规模小、结构简单、方便流动、情感亲密、相对独立于亲属团体等为特征的核心家庭成为霸权式的理想家庭意象，并改变了从个人到群体再到社会的一系列价值观念和行为模式。孤立的核心家庭之图式自威廉·古德和塔尔科特·帕森斯提出后，因其西方中心论、过于标准化和强烈的价值取向等遭到了现实的反驳与学界的质疑（唐灿，2010），事实上，现代化进程中的西方家庭既具有适应工业社会的核心化特征（威廉·古德，1986），又会因互惠的需要而与亲属保持联结并履行团结义务（Cheal，2008；丁罗斯·埃什尔曼，1991）。

中国家庭的现实因工业化和全球化的扩张而表现出与西方家庭同质的一面，又因文化的积淀和独具的转型等而自有其特性。从传统家国一体下的父权家庭，到大集体对家庭的改造与利用，再到转型期不时引起"危机"争议的现代家庭，家庭总是生长在一定的历史土壤之中。时至今日，一方面在激烈的市场竞争中打拼，另一方面又与家庭剪不断、理还乱的人们，大多在变动核心的或变动扩大的家庭结构中，因应风险、相互扶持以展开生活（丁罗斯·埃什尔曼，1991），同时，在家庭这个"避风港"中，"个体权利得到了越来越多的重视，特别是妇女"（阎云翔，2017），女性家庭地位的提振使家际互动的女系化显现，娘家得以兴起，而娘家的重要无疑将会使家庭生活发生重要改观。

理解家庭不仅需了解其外在形式，家庭的"里子"也具有重要的价值。现代化使婚姻家庭从庞杂的制度束缚中脱嵌，使小家庭所嵌入的枝枝蔓蔓变得简单，但亲属结群的能动和个体意志的张扬又暗示家庭互动的内容之繁复，对此可从两方面来理解。

一方面，亲子纽带与夫妻纽带并举，两者并非此消彼长的对立面。例如，李银河（2011）发现中国社会的亲子关系正由专制转向民主，"哺育"和"反哺"的联结比之西方依然坚韧且紧密，同时夫妻关系的地位也在显著提升；沈奕斐（2013）看到夫妻关系的爬升并没有取代亲子关系，但后者的重心从向上转为了向下；康岚（2009）则观察到，亲子轴与夫妻轴的意义在年轻人和老年人中呈现代际差异，前者近亲子而淡夫妻，后者则相反。家庭生活中，横纵交错的各种关系的外部规定性在整体上趋于弱化，个体的偏好和权益被赋予了正当性，使家庭关系越发多变与可塑，而亲子纽带和夫妻纽带也彼此独立地相互影响着。

另一方面，传统因素与现代因素相比，两者的博弈型塑着中国城市家庭的变迁（马春华等，2011）。现代化使社会发展出现非连续的断裂（安东尼·吉登斯，2001），但这并不等于传统彻底被取代及消逝，由于"现代性在消解传统的同时又在不断重建传统"（安东尼·吉登斯，1999），因此"家庭中的传统和现实总是并存的"（丁罗斯·埃什尔曼，1991），加之后发型现代化路径与压缩的现代性（compressed modernity）（张景燮，2012）特征的作用，中国家庭的图景更是充满了传统和现代因素的对立碰撞及融合互补（康岚，2009；

杨菊华、李路路，2009）。

　　毋庸置疑，上述两方面的现象同样会进入娘家，影响娘家研究的发现。娘家的兴起反映出女性家庭地位的上升和父权制家庭的危机，也体现着分配不均的性别—代际的交叉式分工，此时，娘家同小家的界限重构既是必需的，又是探索性的，并会影响家庭结构与家庭关系的开展，而娘家研究即为审视家庭凝聚的形式、亲子与夫妻纽带的张力、传统和现代因素的互渗等提供了契机，这表明，娘家研究对家庭研究具有重要意义。

　　其三，娘家研究对亲属关系的意义。在娘家研究的框架中考察娘家同小家之间界限的建构，有助于亲属关系研究在与地方性知识和日常生活世界的对话中获得新的生机与活力。小家同崛起的娘家对于彼此界限的重组成为中国式准组合家族（Chinese quasi – joint family）（庄孔韶，2000）的现实表达①。奈杰尔·拉波特和乔安娜·奥弗林（2005）以对非西方的原始族群调查为例，探讨了亲属关系研究的演变，总体而言，受学科自我审查与社会分工分化的影响，亲属关系在人类学中由盛转衰，它曾经是"这个学科的基础修养"，却在20世纪70年代渐渐沦为"空洞和混乱"，其根源包括：单系继嗣系统之于社会秩序的绝对地位这一假设受到质疑，亲属关系的普遍定义也被认为并不存在，如是，理论分析对逻辑清晰的要求导致了脱离现实的过度简化，虽然研究中姻亲和血亲关系仍旧是存在的，但是已经不再具备本土观念可能包含的复杂性了，而实际上，亲属关系通过数量众多的与西方对社会和世界的想象以及它们包含的因素相关的其他二元论和大量关系得以继续存在。我们的亲属关系观念与这种整体结构紧密相连。面对此困境，奈杰尔·拉波特和乔安娜·奥弗林建议亲属关系研究将原来的"亲属关系"术语改成属于个人的一种术语，并将重点放在背景和表述行为上，而不是潜在

---

　　① 庄孔韶将轮值、反哺和联邦三类家族合称为中国式准组合家族（Chinese quasi – joint family）。

或隐藏的思想与实践规则上，通过将这些术语的概念提升到更接近本土观点和实践的地位，通过倾听在含糊、流动、日常的生活中所孕育的多元化声音，来重新激活亲属关系研究的生命力与重要性。可以说，将上述洞见对接于本土后，娘家研究的女性视角和关注日常生活的取向，以及它从非正式到活跃的演变史，都契合并反映出亲属关系研究的新旨趣。

亲属关系的再生产被视为人类社会存在和持续的重要机制。[1] 事实上，即便在父系家庭中，女儿不论出嫁前后，都对娘家即本家（指娘家，下同）负有诸多责任，反过来，父权制家庭对妇女的压迫也向她们提供了必要的庇护，即使婚姻"改变了女人在亲属关系系统中的位置"（金一虹，2015），使她们从娘家的"自家人"成为"亲戚"（对夫家则相反），但始终，妇女与本家的关系是妇女生活中重要的一环，因此，陈弱水（1997）说：

由于"女"和"妇"的关系存在着先天的紧张，妇女与本家的关系似乎可以作为衡量妇女地位的指标之一。如果一个社会或时代能容许妇女多方面保持与本家的纽带，妇女在婚后就容易从本家得到支持，这对她在夫家中的处境应有帮助。这也显示女儿的角色在家庭中有相当的重要性。反之，如果一个社会强调妇女必须尽量减少与本家的联系，至少在青年和中年时，妇女的处境就只能取决于她与夫家成员（特别是丈夫和婆婆）的关系，而不易有其他的奥援。

回顾历史，一方面，亲属关系研究的个体转向使之能够发现，"甚至在最为父权制的社会体系中，仍有很多女性对男性产生影响……群体层面的支配关系体现的是个体层面的倾向，而非一成不变的法则"（古尔德，2017）；另一方面，亲属关系研究的实践转向让我们意识到只要聚焦日常生活的创造性流

---

[1] 列维斯特劳斯主张："只有通过把握血缘、继嗣和姻缘及其相互关联，才能形成亲属关系网络，也才能保证亲属关系的不断再生产，以便使亲属关系能够一代一代地传承下去，从而也保证社会本身的持续存在及其再生产。"

动，就会发现中国妇女比曾经所相信的有更多的回旋余地（萧凤霞，1996）。女性实际的地位和角色也使她们同娘家的关系超越了"嫁出去的女儿泼出去的水"这一简单的判断，而呈现出不同于男系宗族视域的女性化视角的变革性与丰富性。

时代的车轮滚滚向前，改革开放后一系列与家庭相关的举措使女性与娘家的纽带不再是一个能否被容许的选择题，而成为很多家庭的必答题。亲属关系偏女方的非均衡现象是现代工业都市社会的共性特征（金一虹，2015），国内研究也发现在经济制度变革等的推动下，受女性家庭地位提高、子女数目减少以及工业化、市场化、城市化水平提高等的综合影响，娘家作用的突出或者说姻亲关系的强化已成为城乡皆然的普遍现象（景晓芬、李世平，2012；阎云翔，2009；杨善华，2004），娘家在亲属结群中的重要作用推动着娘家研究进入到亲属关系领域。

概括地说，亲属关系研究的内容和价值在于多方面：向上，亲属关系是检视社会结构的线索；向下，亲属关系开启了考察俗民生活的窗口；对外，亲属关系是一个功能性的结构单元，对内，亲属关系会沿着性别、年龄、代际等维度分化。娘家研究将有助于揭示既往以男系继嗣为特征的亲属关系在双系或女系化的冲击下，会如何进行因应与调整。亲属关系意味着对亲疏尊卑的确定与维持，这恰好对应于本书关注的"界限"之含义。在"再造"娘家的过程中，娘家作为（对已婚女性及其小家而言的）支持系统之意义远未受到应有的关注和表达（葉茹萍，2011）。对娘家同小家界限重构的考察，即是亲属关系从抽象的概念转为个人化知识，及其着眼点从正式规制转向实践策略的一次"实战"，由此，娘家研究创新并丰富了亲属关系研究。

第三节　研究简介

现象学社会学分析的"二阶构造"和皮埃尔·布迪厄（Pierre Bourdieu）提出的"社会世界双重现实本质"启发我们，研究者需要对其方法论取向进行反身性思考。这部分将对本书在调查研究时的方法论及方法做一些交代。

娘家和小家之间界限的重构发生在受社会性条件所型塑的日常生活中，体现了那些同时使社会再生产成为可能的个体再生产要素的集合，鉴于此，综合考虑研究内容的需要与调查者的实际能力，本书采取质性分析的研究路径，力图在个案饱和的前提下，通过典型的案例来归纳出具有一定普遍性的发现。质性研究是一种将观察者置于现实世界之中的情景性活动，它强调事实的细微与动态，关注意义的建构，并将布迪厄所说的"最具个人性的"与"最非个人性的……各种客观的矛盾、约束和进退维谷的处境"勾连起来。质性研究尤其体现为独运的"匠心"，即"质性研究的最大挑战不在于方法技术的掌握是否娴熟，而在于研究者的认识论、立场、态度和反省精神"。换言之，质性研究是对价值中立的超越，受访者的"内部世界不仅是逻辑的思考方式、结构化的社会组织模式，更是情感和生命的体验和认同，是我置身其中的沉重与无奈、焦虑与痛苦、趣味与快乐"。这些洞见成为本书开展调查研究的指南。

确定研究对象时，本书意识到家庭生活会沿性别与年龄等维度分化或有别，而"女主内"的现实决定了引入社会性别视角，对女性的立场和经验保持敏感，将有助于从日常化的情境出发来捕捉家庭实际。关注女性家庭生活的变革性意义在于，"由于女性过去在家庭中受到压迫最深，因而反抗的动力也更足"（沈奕斐，2013），特别是其中的年轻者，被视为导致父权制家庭裂变的突出因子，她们"是改变体现代际和性别不平等和压迫体制的最重要力量"。青年女性一方面受制于传统期待，另一方面又不断地突破成见，作为"过渡人"，她们在家庭中地位、观念和行为上的变化尤其引人注意。因此，本书首先确定以城市中的年轻已婚女性为研究对象，并根据分析意图和接触可能将调查范围扩展至其他家庭成员。

进一步地，出于显示年轻女性经历的时代嵌入性，并使对娘家的叙事与分析尽量立体和丰富的目的，本书会在需要并适当时加入年长女性的案例材料。其中，年轻女性出生于20世纪八九十年代，成婚于21世纪，年长女性则出生于20世纪五六十年代，在20世纪80~90年代结婚生育。两代女性群体的分化具有社会学意义，因为她们占据着代内趋同、代际趋异的"层化"结构性的代位置。卡尔·曼海姆（2002）在对"代"现象的形式社会学分析中指出，"代"是以结构性力量为中介的生物学现象，是生命时间节奏和文化变迁节奏相关性的产物，代群的异质性是"由特定的经验与思想模式形成的方式决定，这种模式的形成又是代际更替这一自然事实造成的"。被贴上"50后""60后"标签的年长女性和被称作"80后""90后"的年轻女性，作为历史—社会过程中的"年龄群体"，两者间差异不只是生物层面的新陈代谢，更体现为成长空间与意义世界的变迁，其经历植根于在动态演进而旨趣各异的社会脉络中，蕴含丰富的结构性与现象学信息。

具体而言，出于便于进入的前提，本书的调研主要在山西省太原市进行，同时选择北京市作为另一处调查点。选择调查对象时，基于对主题及现实的考量，运用判断抽样（judgmental sampling）的方法，接触到受访者39人，其中包括同娘家来往相对密切及其他类型的年轻女性17人，年长女性18人，另有男性家庭成员2人，以及社区知情人2人，受访者信息详见附录。收集调查资料时，主要采取半结构式访谈和参与观察的方法，即依据研究意图来尽量还原并理解受访者的经验与阐释；同时辅之以文献法，通过比较相关的研究发现，以检验并完善结论的适用性。调查在 2017 年 1 月至 2019 年 3 月进行。

需要说明的是，作为中部城市，考虑到太原市的经济发展水平与民俗文化等现实，本书的叙述和分析并不能概化为对娘家的普遍性认识，但这并非对文章内容与意义的否定，因为每一部分的总结和讨论都是对家庭生活、女性遭遇与亲属关系之表现和机制的归纳及思考，能够与更多的经验研究和学理认识展开对话。

第四节　全书概述及章节安排

本书以娘家在亲属网络的兴起这一事实为基础，主要关注娘家同小家发生互惠、冲突、协商时的表现、逻辑、背景与后果，以理解当代女性性别化了的家庭生活和亲属关系实践。本书将娘家同小家对于界限的重构作为研究对象，旨在回答如下四个问题：

其一，结婚后，女儿与父母的关系具有什么特征？代际关系将作为基础，影响嫁女所组织的小家同父母所在的娘家间的界限重构。

其二，往来时，小家与娘家等亲属的互动具体如何展开？这些过程将描绘出娘家和小家之间界限的动态运作。

其三，小家和娘家的界限形成，发生在怎样的宏观背景下？显然，制度环境设置了两者间界限的运作空间。

其四，娘家同小家对于界限的塑造，将会给小家生活带来什么变化，特别是会如何影响女性的家庭地位？

围绕这四个主要问题，本书将在娘家研究的框架中，探讨小家同娘家重构界限的基础、过程、语境以及后果。

第一章是导论。本章首先介绍娘家研究的现实与理论意义，其次陈述研究方法，勾勒全书大纲。

第二章是娘家研究的演变梳理。本章将整理娘家研究的谱系，梳理其沿革。

第三章是从"回不去"到"不去回"：回娘家禁忌下的两代嫁女。娘家与小家的界限重构因父母与女儿的代际纽带而起，鉴于家庭权力是家庭生活中的关键部分，而对它的讨论又相对有限，故选取嫁女同父母的权力关系作为剖析两代人互动的入口，这构成了小家和娘家型构界限的重要前提，而禁忌恰是影响并改变他人权力的直观反映。本章以山西地区流传至今的回娘家禁忌为例，探讨父母和女儿间的代际权力之特征、条件以及机制。同时，为揭示研究对象历时性的变化，本章将对年长与年轻两代女性进行比较。

第四章是在娘家与婆家之间：小家庭育儿过程中的界限工作。现实中，第三代的降临往往作为聚合父辈家庭与婚姻家庭的契机，成为观察娘家同小家界限重构的形式、过程与逻辑的窗口。两代家庭单元因实用、情感或伦理等要素而发生联系，其间也充满不快、冲突甚至破裂的可能，鉴于隔代照料在减轻育儿负担方面的突出作用，本章以家庭育儿安排为考察对象，为使研究尽量全面与客观，将同时叙述并分析小家同娘家、婆家开展界限工作的事例。

第五章是消防员和运动员：娘家介入的时代差异及其制度嵌入性。娘家介入是娘家同小家确立或打破彼此界限的行动，本章将对比年长代与年轻代女性娘家介入经历的异同。作为超个体力量映射于生物更替的产物，两代女性体验的异质性成为家庭制度嬗变的投影。制度通过适当性机制来型塑行动，适当性机制的动员有助于制度逻辑的实现，本章将指出，正是有关"什么是适当"的家庭意识形态的规范与认同，使年长和年轻两代嫁女在特定的制度环境中，体验到了娘家同小家重构界限的不同动因、方式与目的。

第六章是家庭平衡的制造及女性家庭地位。编织的界限远远近近、亲亲疏疏、薄薄厚厚，既会使各方受其利，也可能使之受其累，这将对一个虽成立而难独立的小家带去怎样的后果？亲属结群时，娘家和婆家的地位高下是否并将如何作用于它们同小家以及亲家双方的关系？作为女性本位的实践，小家和娘家的联结又会对女性的家庭地位产生怎样的效应？本章拟通过对上述疑问的考察来理解娘家与小家的界限重构所引发的结果。

第七章是结论与讨论。本章将首先回到娘家研究的"初心"，通过对"子宫家庭""娘家"和"我妈"这样的指称演变，来重新审视娘家的意义，之后从家庭视角和女性视角来拓展全书有关娘家的发现。

第二章　娘家研究的演变梳理

（在过去）如果一个已婚妇女与娘家来往频繁的话，她的婆婆就会怀疑冲突是由她娘家煽动起来的。所以，媳妇最好不回娘家，或者回去的话也不告诉父母她在婆家的那些冲突。甚至当地的父母知道在婆家产生了冲突，他们也会告诫女儿不要违抗婆婆的权威，因为他们不想扩大冲突。即使女儿的娘家人不希望她在婆家受委屈，他们也会把女儿送回到婆家去。有的时候母亲在送别女儿回婆家的途中会感伤流泪。

——张卫国

从法律角度而言，已婚妇女高度地闭锁在丈夫家庭内部。一旦她的婚姻结束了，正如我已经阐述过的，娘家不拥有明确规定的权利来干涉她的事情，尽管有些地方在妇女守寡之后可能赋予娘家某些特权。夫妻双方父母之间的关系通过仪式明显地表示出来，这些仪式帮助保护地位较低的妻子的父母；不干涉他人事务的惯例避免了地位相对低下的妻子一方的人们可能暴露在无法忍受的窘迫之中。阅读中国的文献材料，人们可以得到一个大致的印象，当不幸的妻子逃回娘家的时候，她们的父母通常在不愉快产生之前赶忙将女儿送回她们的丈夫家中。我们不能很肯定地得出汉人的妻子完全为娘家所抛弃这一结论，但是，这些家庭对已婚的女儿行使的制度性控制显然是非常少的。

——莫里斯·弗里德曼

至迟在明清，"娘家"已成为已婚女性对其出生家庭的普遍称呼（毛立平，2013）。所谓"娘家"，是指在外婚制的社会中，出嫁女性同父母家庭之间搭建的关系网络。娘家是理解女性经验、家庭生活与亲属结群的一把锁钥。"娘家"是一个充满了烟火气息或者说洋溢着人间温暖的词汇，娘家研究则需要透过"鸡毛蒜皮"的表层，去把握现象背后的制度性机制与结构性内涵。

第一节　娘家的社会性："另类"背后的合理

对所镶嵌的环境而言，娘家总显得不那么合乎规矩：在宗法制组织中，娘家是单向的父系继嗣的旁逸斜出，到了现代化社会，娘家又是独立而自主的夫妻家庭的"编外成员"。然而，从古至今的"另类"并没有使娘家的社会性销声匿迹。

在传统的宗法制度语境中，娘家的边缘化源自女性的非"人"（社会性成人）化。以婚姻为界，女性的生命历程被分成同是依附者的"女"和"妇"。所谓"女在室，以父为天；出嫁，以夫为天"，妇女婚嫁不仅意味着生活时空的调整，还表明了其生命重心的迁移，即"妇人谓嫁曰归"，一方面，她对父系本家具有"寄居性、家庭成员身份的暂时性"（金一虹，2015）；另一方面，（至少在诞下男性子嗣前）她又被夫家视作会威胁其稳定的"外人"。在这样的情境中，女系化的娘家也被男性本位的宗族所贬低，嫁女同娘家的关系并不是中国传统礼教之所重。

换句话说，娘家被宗法制排斥的事实反映了男权统治的厌女属性，而"厌"既体现为"女"之一方，也包含了"性"之一维。在乡土社会，男女有别的互动法则意味着对异性情欲的压抑，因夫妻关系会威胁到父子关系（许烺光，2001），故使前者服从后者被认为是确保家庭作为事业社群之稳定性的合理做法。换言之，家族作为基本社群的安排正是同性原则较异性原则为重要的表示。夫妻轴的被否定、被贬斥，无疑对生活天地囿于内闺的女性来说更加难堪①，所以才有了"昼夜勤作息，伶俜萦苦辛"的酸楚，也才有了"我自不驱卿，逼迫有阿母"的无奈。夫妻的"无情"与对婆家的生疏强化了娘家之于女儿的寄托情感、寻求慰藉之功能，反过来，"新婚少妇与娘家的亲密关系便使她婚后深重的孤独感和陌生感愈见加深"（曼素恩，2005）。

这里我们可以将娘家、婆家两家与父母身份做一个有趣的类比。费孝通（1998）将婚姻制度看作"是在确定社会性的父亲"，相比于天然明晰的母子关系，父子关系则需要制度给予承认。对出嫁的女性来说，娘家具有基于血缘的自然属性，类似母子，婆家则是经由婚姻实现的后致纽带，仿若父子，并更具权威。虽然宗族制度为确保其稳定与延续而规定嫁女对娘家既无赡养义务也无继承权利，但是"前台"的排斥反而突出了"后台"的温馨，"娘家"和"娘家人"在所指上的扩大便是如此。

然而，受宗法制管辖的传统女性，还会遭遇另一重意义的"自然"。制度合法性的取得"需要通过在自然和理性中找到特别的根据"（道格拉斯，2013），男性统治也援引了"自然决定天生的性别等级的观念"（艾华，2008）来实施其精深隐幽的符号暴力，于是在父权制社会，妇女命定的归宿就是择一男而外嫁、生子嗣以终老，甚至"为了当'妇'的义务，女子时常必须放弃'女'的角色与情感"（陈弱水，1997），故有娘家与嫁女之情之恩"义有所断，不得不然"之说（毛立平，2013）。

当来自娘家的血缘与来自夫家的规范这两种"自然"相碰撞，传统女性

---

① 有关封建社会中，女性所处空间是否狭窄的讨论见《内闺》。

的婚后生活在被娘婆两家撕开的同时又拥有了整合的可能。譬如，在清代，由于通婚圈较小、婚龄偏早与童养媳等原因，下层妇女会同娘家保持亲密的互动关系，娘家通过私下"刁唆"、公开"集理"、"拐逃另嫁"、对"卖妻"提起诉讼等方式，来调解和干预女儿不幸的婚姻，而"这些联系既来自娘家对女儿的关爱，也来自娘家仍将出嫁女视作潜在的利益资源"（毛立平，2013）。

可见在宗法社会中，娘家的地位虽然遭到贬损，但是其作用却无法被磨灭，娘家对宗亲关系这样的正式规制具有调和的功能，它于女性而言意义重大，特别是在突发性（譬如夫妻间出现重大矛盾）或仪式性（譬如婚礼和葬礼）的场合中。换言之，较之宏大叙事中的非正式性，娘家的功能更多地体现在日常生活与个体生命层面。同时使娘家的存在不合规矩，但辅助或矫正宗亲关系的效果又使娘家的地位拥有了合理性。也就是说，在父权制社会中，娘家具有"安全阀"的功效。

虽然自20世纪初期起，对家庭的质疑声和销毁尝试就时有浮现，但是家庭却展示出强大的弹性与韧性，其原因在于，除文化沉淀下的习惯外，现实条件培育的"气候"亦值得关注，这一思路对娘家研究亦然。社会主义革命期间对压迫女性的神权、族权、父权、夫权的批判和斗争，改革者通过立法①而"把自由选择的一夫一妻婚姻形式视为消除父权制压迫必不可少的第一步"的妇女解放运动，以及20世纪70年代末提倡"只生一个好"的独生子女政策，这些跨越半个世纪有余的举措虽然目标不同、立场各异、效果有别，但是都带来了一个预期之外的或者说附带的后果，即有助于消解制度和观念中对娘家的污名，客观上为女性及其小家同娘家的往来拓展了空间。当然也存在相反方向

---

① 包括1931年国民政府《新家庭法》、1934年共产党江西苏维埃政府《宪法》、1950年新《中华人民共和国婚姻法》等。

的影响，比如男性本位的村落父权制对出嫁女土地权益的侵犯，就是在割裂她们与娘家的联系。

换言之，当宗法制度被祛魅，娘家边缘性的退却意味着压制的衰减而非娘家的消失，因为新的事实又赋予了娘家以存在的必然和必要。如今娘家所以会在日常生活中越来越重要，是以一系列的社会性条件作为基础的。其一，人口转型期的到来特别是计划生育举措的影响，导致子女数目减少，使女儿之于娘家的地位上升，同时女性的公共形象也不断改善，她们在公私领域都获得了越来越多的独立性与权利；其二，家庭生活发生情感转向，代际亲密性凸显，女性作为亲属关系维系者的角色便利了小家同娘家的密切来往；其三，后集体化时期，流动频繁、职场竞争与公共福利缺位、市场服务不足，配合着家文化的浸润而迫使很多家庭选择通过亲属结群的方式，来满足生活的多重需要，特别是对面临工作—家庭冲突的女性而言。这些都成为娘家同小家亲近的推力。

以上的勾勒虽然粗疏，但是足以证明娘家是社会性的合理现象，娘家的活动有其结构性和制度性的动因与后果，而并不单纯是"家长里短"之琐事。既然如此，娘家研究作为家庭与性别的交叉领域，便具有了社会学关切的合理性，但不论对过去的父系宗族图景还是如今的核心家庭概念来说，富有本土色彩的娘家之价值常被低估，相应以娘家为对象的研究也比较有限。有别于以男性为中心的亲属格局，娘家对嫁女意味着天然的血缘联结与深厚的情感羁绊，这样的品格映射在娘家研究中，出现了两个特质：一是女性视角，即作为性别化的亲属网络，娘家的存在和作用依赖女性的家庭角色扮演，研究娘家就要对女性经验予以重视；二是生活取向，即娘家并未被纳入主流的家庭意象或被写入正式的家庭制度，而是活跃于嫁女的生活世界，并绵续其一生，娘家研究的土壤就在于日常生活的"一地鸡毛"。

下文将通过回溯文献指出，娘家研究经过了一个从沉默到显现的演变历程。娘家研究的推进关联着女性从被压迫到得解放的地位变迁，以及娘家自身从"后台"到"前台"的角色转换，这既折射出从父权制到现代化再到个体化的社会结构转型，也依赖于相关研究范式从强调规范、聚焦男性而向关注日常、走近女性的调整。

第二节　父权话语主导下边缘的娘家与沉默的娘家研究

对男性统治不言自明的接受导致很长时间里，包含父居、父权、父系三要素的父权制①（Kandiyoti，1998）家庭模式都把控着中国传统家庭研究的主流，不论是以家族为"所有价值判断的基础和标准"的家族主义（familism）（丹尼尔·哈里森·葛学溥，2012）、以父子关系为中心的父子同一（identification）（许烺光，2001）、单系偏重的"绵续性的事业社群"或者说事业组织（费孝通，1998）、"采取血缘与地缘兼有的团体的意义"的"宗族乡村"（林耀华，2000），还是作为一个"法人财产共有团体"的宗族组织（莫里斯·弗利德曼，2000）、追求分工协作效率最大的经济合作社等，莫不如是。

这样的研究取向契合了对作为理想类型的传统社会，特别是传统女性的理解。在父权制度的语境中，女性地位低下，所谓"三千年的妇女生活，早被宗法的组织排挤到社会以外了。妇女总是零畸者，妇女总是被忘却的人"（陈东原，2015），即使我们接受儒家学说中关于男女两性呈现阴阳动态平衡的意象，也不能否认传统女性遭到强烈而深刻的限制与压迫之事实。此时，生养女

---

① "父权制主要基于社会性别，但又不仅限于性别，而是基于社会性别、年龄、辈分等的一种支配—从属的等级制度以及观念系统"，是根据父系独尊和男性本位的原则来建构的权力关系（金一虹，2015）。

性却不能占有她的娘家也是边缘、不正式、非制度性和没有合法地位的，或许是为了保持父权家族的稳定，嫁女作为娘家"出姓的人"，对婆家的责任远远大于娘家，婚后不与娘家亲戚密切往来甚至被视作美德。

在宗法社会中，女性同娘家的弱势是相互强化、彼此建构的，女性地位低落则娘家不彰，娘家作用不举则女性无所恃。这时候，娘家对已婚女性的价值主要在于提供辅助性、情感性以及象征性、仪式性的支持，娘家成为出嫁女性倾诉心声、寻求温暖、寄托思念的港湾，所以"有所娶无所归"会被列为"三不出"之一以保障女性生存，所以在清代，返回娘家乃是"那些不幸的农民妻子的唯一求助方式"。

但事实并非如此简单而绝对。随着史料的发掘和视角的转换，历史上娘家与嫁女的联结被认为其"实际行为远比规范理论多样而宽松"（陈弱水，1997），即使父权制度将娘家排斥在宗族组织之外，娘家情结和娘家活动在日常里也不乏踪迹，这表明，制度的话语霸权并未（既没有能力也不需要）消抹掉生活的韧性。例如，记录唐士族之女事迹的《陈照墓志》就印证了"女儿通过联姻与文化教养光显本家的现象"和"母与女的传承，总是被打散于不同的父系家族……若被记载，多只追溯一至二代"的张力。而隋唐五代的中上层女性也被发现在出嫁后，仍然与娘家维持着千丝万缕的物质和精神关系（虽然这种联系有可能是负面的），并且这样的联系被丈夫利用姻亲网络而自利的意图所鼓励。再如，虽然女性出嫁后成为其他宗族的新成员，但是她与自身家族的脱离并非彻底的一刀两断。"事实上，这种脱离，要这个女子在另一宗族中去世才完全。因为在一些离婚案件中，离婚的理由不正当，女性会回到原宗族寻求支持和保护。而且，在通过婚姻而联结的宗族间，女方的宗族公正地对待媳妇是一种责任。这种责任由社会舆论所责成，其身份关系由习俗所规定"（丹尼尔·哈里森·葛学溥，2012）。换言之，传统社会中的家族自认为有维护、保障外嫁女权益的责任和义务。同样的现象还出现在 20 世纪上半叶的动荡岁月，制约女性的"宗亲至上"规范受到了"姻亲原则"和"母以子贵"等的调和，后者对性别等级的干预表现在宗族制度的一些要求（如休妻）会为强大的姻亲集团所否定、"母舅"的重要地位以及姑表婚或姨表婚的存在等方面，概言之，已婚妇女与娘家的关系因为情感、仪式、物质上的多重关联性而割舍不断（崔应令，2011）。

在传统社会，娘家同嫁女的日常联系并不违背父权体制下娘家被边缘化和非制度化这一判断，作为"安全阀"，女系化的亲属恰成为父权制度的补充与调节，通过人情、利益等因素巩固而不是威胁了后者。一方面，娘家和嫁女的关系在正式规制中被刻意否认，作为丈夫的附属，嫁女的"孝"归附于婆家，婆家才是她合法的"社会性父母"①；另一方面，娘家并非仅是嫁女的"生物性父母"，作为"大传统"的宗法制度的"空子"或"缝隙"为"小传统"的蓬勃提供了可能，嫁出去的女儿宛若远飞的风筝，纵然离家遥遥，另一头却始终微弱又执着地牵连在娘家手中。

总而言之，父权的宰制使与不过是"服人者也"的女性相联结的娘家，在正式的、主流的、男性化的亲属关系中处于被贬低、不受重视的位置，难觅其踪，但娘家和嫁女的纽带依然不时地浮现在日常世界的微观流动中。

更为宏观地看，宗族制度被认为"就是中国的社会制度"（冯友兰语），官方秩序（如丧服制度）对娘家与嫁女联系的淡漠处置，反映出娘家的边缘契合了作为"一个家庭社会"而运转的俗民社会之逻辑（马克·赫特尔，1988），娘家确认、延续并强化了父权制的话语和实践。

于是，女性本位的娘家组织的边缘，导致了相应的娘家研究在数量上的寥

---

① 这与滋贺秀三从"宗"的所属来说明妇女地位的分析相类似，他将"宗"的所属分成自然性和社会性两方面。从自然性的意义上看，女性应属于父亲的"宗"，这种关系从出生到死亡终生不变，但从社会学意义上说，女性由于婚姻而取得夫宗的地位，女性在社会性意义上被排除在"父宗"之外，所以她不能继承来自"父宗"的财产。妇女在"夫宗"的地位是由"夫妻一体"来决定的。（滋贺秀三，2003）

窒和内容上的缺席，即使得到些许关注，也是缘于娘家与父系家族的联系。同时，娘家研究的沉寂也离不开特定范式的"指南"，正是由于女性中很少在男系化的宗族中扮演关键角色，"因而一个把宗族摆在中心位置的中国宗族观使研究的着重点偏离了女性"（伊沛霞，2005），本部分开篇所枚举的基本上无涉娘家的研究，皆倾向男性中心的宗族亲属关系，而无视女性主义作为一种视角和立场的革命性意义，显然在这样的研究范式中，女性化、日常化的娘家研究难以在学界得到承认，遑论重视。换言之，我们不仅要看到社会现实的作用，也要对流行的研究风尚有所觉知，后者主张"妇女在父系亲属体制中处于依附和被压迫的地位"（李霞，2005）。

如果对这一阶段的娘家研究进行时间上的界定，则其关注对象——被边缘的娘家对应于以"传统"为标识的历史阶段，而娘家研究的沉默状态则一直延续到 20 世纪七八十年代，直至"现代"的因素更加深入社会与学界之前。

第三节 现代化进程中娘家的"冒头" 与娘家研究的兴起

一、现实和理论条件的奠基

现代化提高了社会变迁的速度及程度，以西方社会为原型，家庭被认为将出现全球皆然的改观：家庭结构趋向核心化，家庭功能被大量外移，家庭分工以男外女内为模式，家庭意象从制度型转向友伴型和个体型，一些公共安排（如家庭政策、薪酬体系等）也将小家庭作为一个独立而完整的单位。但事实上，核心家庭之间互惠互利的亲属圈并未消失，家庭网络同样适应了社会发展的需求。

观照本土，中华人民共和国成立后发起的社会改造运动导致封建家族之模式与观念的祛魅，同时强化了对男女平等意识形态的宣传和执行，但为国家服务的实用性目的以及国家现实能力的掣肘又使妇女解放并不彻底，因而多子女家庭在子代成家后的分裂一方面松动了对女性与娘家联系的限制，另一方面娘家同婆家的不对称关系依然存在①。以改革开放为界标的转型期，家庭变迁复杂化，父权制的权威既在衰落也出现回潮，同时亲属结群的价值被突出，而"为家"依然具有如人生使命一类的重大乃至"终极"意义。

这其中，娘家的"冒头"不可谓不是一大变化。当妇女遭受的男性统治受到反思和抨击时，当女性提高了其社会、经济地位与家庭权力时，当独生子女政策使女儿成为父母（唯一）的牵挂时，当既是可利用的保障也是被期待履行的义务的亲属互助在应付风险、化解危机、安顿人心等方面颇为见效时……种种机缘交叉参差，使娘家得以兴起，娘家同嫁女所组建的小家双方积极互动，从而对女性经历、家庭生态、亲属关系与社会现实造成了深刻影响。早在2010年，统计数据便表明，在"当代中国，家庭核心化已经实现。核心家庭是夫妻共同主导的家庭，妻子与娘家发展关系更为方便，因而亲属圈中与妻族的交往变得重要起来"（王跃生，2010）。显然，正是伴随着妇女解放与发展所带来的女性崛起，娘家的伦理性、情感性与功能性价值才得到更多地发掘；反过来，娘家的"冒头"也巩固了女性的家庭地位和权力。

启蒙运动以后，人的基本权利和无上价值逐渐得到公认，但使"人"的外延由西方白人中产男性的预设包容进复数形态的女性，则离不开女性主义的

---

① 这体现在"改革开放前的中国，关于劳动、分配和户籍登记的集体制度，与贫困的集体经济，成为妇女与娘家之间联系的巨大障碍。此外，集体化时代村民利益封闭在本社区内，使妇女与娘家的关系显得并不那么重要；集体组织甚至还侵蚀了女儿与娘家的关系"（金一虹，2015）。

艰辛努力，或许这样的难得也暗示了其所造成的改变之巨大之深刻。由于"性别是想象和渴望现代性的中心形式之一"（罗丽莎，2006），故而女性意识的觉醒与地位的上升，将重新定义对社会事实的认知和实践，家庭亦不例外。改革开放以后，女性越来越有资格、有意愿、有能力也有权力去经营她和她的小家与娘家之间的联结，反过来娘家也是如此——无论在情感还是经济方面，无论指养老还是抚幼劳动。从这个意义上说，娘家是社会性别化的家庭策略，娘家的由"弱"到"强"书写下"她的历史"。

然而，从性别正义的角度看，娘家的兴起既有关于女性地位的提升，也复制着对女性的刻板印象。从漫长的人类史到标榜平等的现代社会，"不同性别的个人的互补性活动"（安德烈·比尔基埃等，1998）始终是家庭生活的基础之一，受父权制与资本主义这样"双头兽"的剥削，被划拨为私域的家务劳作成为女性化的劳动并遭到贬值。换言之，在工业化时期的欧美社会，男性养家（breadwinner）和女性持家（homemaker）的性别安排被视作核心家庭的样板，"即使夫妻双方都工作，两人也不会平等地分担家务，料理家务和照看孩子依然是妇女的责任"（古德，1986），今天的中国家庭同样如此。

如前文所述，现代社会中的核心家庭并非孑然孤立，在伦理培塑、情感拉力与理性计算等的作用下，年轻夫妻缔结的小家依然会和以父母为主的亲属群体保持联系。当"主内"的妇女面对儿童心中的期待而不得不找人"搭把手"以履行密集母职时，或者反过来，当父母的养老需求倾向女儿或者需要独女来满足时，面对公共福利的缺失、市场服务的高企或不被信任，建立在血缘与亲情基础上的娘家同嫁女及其小家的联系便丰富起来，女性不仅想而且能将娘家纳入她的家庭决策，从而使娘家对小家的影响和意义得到突出。在新旧因素——父权制家庭破产的进步性和性别主义仍存的保守性的共同作用下，现代化进程中的娘家地位渐隆，娘家研究也将在家庭研究与性别研究领域中逐渐显现出独特的观察视角与别致的解释力。

　　除现实推动外，理论革新也促进了娘家研究的兴起，这方面的重要变化至少包括两点：一是对日常实践的强调，自 20 世纪后半叶起，实践逻辑认为所谓亲属制度"并不是一套既定的系统，而是行动者在实践中构建出来的并不断被实践所选择和重构的"（李霞，2005），如前所述，娘家恰恰是生长于制度边缘、在日常生活中显现的实践性亲属关系；二是对女性经验的重视，女性主义强调女性的主体性，强调女性仍被压迫的事实，强调改变现状的重要性，特别是自 20 世纪 80 年代以来，女性主义研究出现主体性范式的转向①，挑战了父家长统治的合法性，娘家研究的旨趣基本与这一诉求亲和。此外，注重日常实践和注重女性经验这两种取向是相互交融、彼此建构的，两者的相关性在现象学、社会学与女性主义社会学的方法论主张中显而易见：不仅审视朴素生活绕不开对女性声音的倾听，如杨善华（2004）指出进入普通妇女的日常并揭开其重复单调的表象，有助于把握生活世界的意义结构，而且女性主义研究也注重对日常世界的反身性关注，如 Smith（1987）就提出要采取将日常生活世界作为问题来源的分析策略。这两方面的理论进展恰恰对应于娘家研究所具有的女性视角和生活取向之特点，从而为娘家研究的兴起奠定了学理层面的基础。

　　概言之，随着实践与理论的嬗变，娘家变得越来越重要，娘家研究亦走向了前台。

二、这一阶段的经典研究成果

　　娘家正式成为学术研究的对象，始自海外学者在 20 世纪 70 ~ 80 年代对中国社会的田野调查，其成果包括 Wolf（1985）根据台湾乡村生活而提出的"子宫家庭"（uterine families）、Judd（1989）依据山东农村实际而明确予以论述的"娘家"以及植野弘子对台湾汉民族姻亲关系的考察（刁统菊、

---

　　① 另一个转向为女性主义研究的文化转向。

郭海红，2010）等。

　　Wolf 将"子宫家庭"看作妇女依托母亲或祖母身份所建构的家庭亚型，包括女性成婚后与原亲戚以及生育后与子女（特别是儿子）的联结，至成为祖母时，她的"子宫家庭"最为繁盛。"子宫家庭"不仅带给女性情感的慰藉，而且她们在社群中的影响力亦由此获得。虽然在名义上"子宫家庭"排除了所有的男性家庭成员，但是妇女的依附性注定这一排除是不彻底的，婆媳间的矛盾即被认为与她们在建立"子宫家庭"时，对作为儿/夫的男性或其所握有的养老资源的争夺有关（李博柏，1992；笑东，2002）。因为在传统家庭中，男性是无可争议的权力中心，所以婆媳都依赖身为儿子/丈夫的男性作为自己利益的代言人，由此她们展开了无穷无尽的不和与争执。随后，Wolf 又发现了"子宫家庭"的城乡和代际差异性，即相较于中国城市的年轻女性来说，乡村的年长者对"子宫家庭"给予了更多的重视。

　　朱爱岚（2004）则因循回归日常生活的研究路径，将视线投向主流婚姻模式之外的娘家，她发现娘家与嫁女之间存在非制度化的惯常实践，这"既包括她们在婆家通过生子而成功地向成人生活转型，和自己的父母保持绵延一生的情感—道德联系，也包括根据各种情境而持续帮助自己的娘家"，因此"妇女并不仅是父权制度的牺牲品，而且是日常亲属关系实践的能动者"。

　　可以说，娘家研究自始便受到女性主义的启迪，研究者摒弃了视女性为被动的从属者、无能的失声者或模糊的他者的男性中心预设，而是在日常生活去审视女性主体同娘家的微妙、长远、灵活且多重的联系，以及如此关联对于宗族制度的作用与反作用。

　　国内学者也在娘家研究中记录下深刻的观察与思考，其代表包括张卫国（2010）《"嫁出去的女儿泼出去的水？"——改革开放后中国北方农村已婚妇女与娘家日益密切的关系》、李霞（2010）的《娘家与婆家：华北农村妇女的生活空间和后台权力》和杨华（2012）的《隐藏的世界：湘南水村妇女的人生归属与生命意义》等。

张卫国分析了改革开放后强化娘家同女性相互支持的制度性因素，即计划生育政策和市场改革的影响（虽然这并非国家本意），具体而言：其一，计划生育导致"已婚妇女动用娘家的亲属关系，以对抗官方制定的生育规则。在此情况下，男性也保持与其妻子娘家亲属的密切关系，与岳父母家更为亲密……过去 30~40 年来下降的生育率意味着孩子更加珍贵"。其二，"近来的市场扩张为妇女以及男性创造了机会……有时甚至与妇女的娘家一起经商"。其三，男性外出打工使留在家中的妇女可以独立筹划与娘家的接触，同时交通和通信的改善也便利了这一联系。

李霞通过对山东村庄的调查发现，在父系父权的亲属制度下，一方面，家庭日常由女性主导的互动取向，使她们得以借助娘家的"外势"，来在娘家、婆家两家之间完成其建立生活家庭、建构亲属网络的实践性目标；另一方面，娘家对女儿的关照颇具文化与伦理色彩，女性终其一生都处在的从娘家人向婆家人过渡的阈限状态，只有到了丧礼中才最终完成。李霞对女性所嵌入的娘家—婆家亲属体系的关注所受到的质疑在于：是否夸大了妇女能动性的成分，并忽视了其生命周期中的未婚阶段（金一虹，2015）？

杨华在理解传统外婚制下娘家同嫁女的关系时，采用了人生归属与意义世界的范式，他根据在湘南水村的考察指出，纵然出嫁使女性和娘家的关系从亲子转为亲戚，但是娘家依然与妇女密切联系，诸如娘家督促并支持女儿归属婆家，也敦促婆家接纳女儿的种种努力，均旨在帮助女性尽早并尽好地归属于夫姓的家庭、家族、村落，也因此使农村女性获得了安全感、归属感以及对于人生意义和生命价值的体验。

此外，另有些娘家研究涉及其他内容，如透视与"回娘家"相关的民俗（刁统菊，2010；彭美玲，2001；张青，2014；周星，2013）、对比娘家和婆家的地位与角色（刁统菊，2007，2010；利翠珊，2002），它们同样都体现了娘家研究所具有的女性视角和生活取向两个特征。

从文献中，我们可以总结出娘家研究的两条路径：一是以家庭这一整体性单元为分析客体（包括朱爱岚和张卫国的分析），二是将考察对象定位于女性群体（包括 Wolf、李霞和杨华的分析）。一方面，女性视角和家庭视角的研究以不同的视域向我们提供了丰富的信息；另一方面，两种研究的差异在于前者习于从女性生命史的纵向脉络出发，而后者惯于就不同单位的家庭互动平面展开。空泛地计较两种取向的娘家研究孰优孰劣并无意义，对此需要在研究时自觉反思并权变处理。

娘家研究虽然从微观着手，但是如前文所述，娘家研究是嵌入在现代化引发种种变革的宏观架构中的现象。在现代化话语的主导下，明显不同于之前阶段的父权制话语想象，通过国家与市场等的作用，嫁女同娘家往往在日常实践的动态联结中，"公然"保持了亲密而绵延的联系。

总体而言，伴随家庭生活和女性际遇的现代化转型以及相关研究范式的转换，娘家研究呈现出多样的面貌：不仅有对当下事实的调研，还有对历史情形的挖掘；不仅容纳了许多立足特定时空的实证材料，还会在与国外理论的对话中丰富对其的理解；不仅包含对娘家个案的描述和解释，还涉及通过统计数据而揭示的娘家整体状况。这些成果所得出的共性发现是：随着政治、经济、社会与文化等的变迁，特别是在社会主义革命及改革带来的宗族势力解构、平等意识播化、家庭核心化程度提高、女性地位上升、老龄化和少子化的人口学变化以及对女性不友好的性别主义仍然存在的交互影响下，与女性有着天然而深厚联系的娘家之地位及作用不断显现，从而对性别政治、家庭生活、亲属关系和社会现实都产生了影响。然而，现阶段的娘家研究也存在一些缺憾，比如从地域来看，或许是为了突出娘家受现代化波及而发生的变动之大，既有研究过多局限于（被先验地假设为）新旧交锋更加明显的农村地区，城市中的娘家现象未受重视。又如从主体来看，目前的研究多聚焦娘家与女儿的联系，未能将亲属网络中的各种成分及其动态纳入考察。这些都成为有待今后的娘家研究予以探索和推进的议题。

第四节　个体化理论对娘家研究的启示

在开始迈向"第二次现代性""晚期现代性""后现代性"的今天，娘家的角色又会发生何种变化，并对嫁女与其小家以及亲属关系等带来什么影响呢？合理的判断需要依据现实条件作为基础，其中，个体化对中国家庭的影响引起了学界的关注与讨论。

个体化表示在社会结构、制度设置和文化规范等的作用下，生活中的"个人越来越成为各种权利、待遇、责任、风险的最终也是最基本的承载者"（周晓虹，2017）。个体化进程被认为将带来社会意义与模式的巨大变化（乌尔里希·贝克、伊丽莎白·贝克—格恩斯海姆，2011），会导致"一个充满不稳定、自由的风险社会以及多种的不确定性和流动性"（贺美德、鲁纳，2011）。换言之，在个体化时代，"不可能拥有任何决定性的解决办法——这是一个必要条件"（乌尔里希·贝克，2004）。作为一个发展中的过程（阎云翔，2012），东亚社会的个体化被认为是"家庭取向的个体化"（family - oriented individualization），游弋在全球化浪潮的中国社会亦不例外，个体主义的渗入与传统家庭主义的流传相互动，成为家庭策略的发生点，即灵活、多重、开放、流变的家庭模式被期待着能够解决个体化追求与结构性制约之间的矛盾。虽然对中国家庭的现状或趋势在家庭化和个体化的两分之间做出判断并非易事，但是我们至少可以保持交流的态度与开放的眼界，在日常现实中探究个体化的效应是否存在，它是如何改造或被家庭本位文化改造的，这又造成了哪些后果等问题。综合既有论述，个体化社会的事实和逻辑至少在如下四个方面，可带给娘家研究以启迪。

其一，个体化的创新性和利他性。个体化首先意味着"为自己而活"，但作为目的的"为"不等于作为手段的"靠"。现实中，一是人们需要因应社会化生产出的"风险和矛盾的职责和必要性正在被个体化"的挑战，二是分化社会中的"个体并非单子，也不是自足的"，故而蕴含互助可能的亲属团体成为个体可资利用的资源，使选择性亲密关系得以建构（乌尔里希·贝克、伊丽莎白·贝克—格恩斯海姆，2011）。换言之，在个体化时代，"虽然个体主义凸显，但这并不意味着家庭重要性的下降"（Cheal，2008），当代家庭被认为具有"形式核心化"与"功能网络化"特点"（彭希哲、胡湛，2015），例如亲属关系实践即以易变性和灵活性为最重要的特征（阎云翔，2012），而小家同娘家的往来就是女儿与父母两代人积极、主动的创新性选择。同时，个体化还蕴含朝向"利他个人主义"发展的倾向，这是一种"既注重个性化又注重承担对他人之义务的新伦理"（乌尔里希·贝克、伊丽莎白·贝克—格恩斯海姆，2011），现实中娘家对小家的资助以及女儿对娘家的反哺等，都反映了个体化的这一利他性质。

其二，个体化的基本特征。贝克夫妇概括了个体化进程的基础性特点，包括去传统化、个体的制度化抽离和再嵌入、被迫追寻"为自己而活"并缺乏真正个性、系统风险的生平内在化（乌尔里希·贝克、伊丽莎白·贝克—格恩斯海姆，2011）。可以说，第一点兼从家庭核心化与女性地位提高的双重去传统化出发，奠定了娘家在父权制衰败后变得重要的基本前提。第二点描述了娘家同嫁女互惠往来的制度性内涵，即个体从传统的亲属网络中解放出来，并策略性地使之从控制个体的机制转为风险分担的单位。第三点及第四点则分别从微观与宏观的角度凸显了娘家和嫁女在回应彼此需求、共同应对挑战方面的功能。如果说，过去娘家的地位体现了自上而下的"标准化人生"之规定，那么今天的娘家则在践行着"选择性人生"的逻辑，可以说，娘家在"女缘"人际网（上野千鹤子，2004）中的活跃离不开个体化这一结构性变迁。

其三，个体化的性别政治。个体化对女性而言意味着更大的机遇以及挑战，她们"从'为他人而活'迈向'一点属于自己的生活'"（乌尔里希·贝克、伊丽莎白·贝克—格恩斯海姆，2011），娘家在这一过程中向嫁女提供了可贵而且往往是不可或缺的支持，反过来，嫁女对娘家的工具性和情感性等意义也不容忽视，由此，娘家卷入了个体化时代的性别政治。性别政治一方面意味着女性个体的反身实践促进了她同娘家关系的自主构建，另一方面也往往包含了女性因其性别身份而仍不对称地承担更多家务劳动的事实，此时娘家便可能成为已婚女性的"影子"。换言之，在个体化时代，娘家的重要既受惠于女性的崛起，又"受累"于女性的不完全崛起。从已婚女性的角度看，面对事业发展与生活经营等冲突，娘家给予的支持在沿袭不平等的性别分工的同时，又有助于她们去更好地因应来自家庭和工作的期许，以实现其理想的自我形象，这一以代际不平衡换取性别平等的策略，或许在"后父权制时代"具有普遍性。

其四，个体化的本土性。由于历史积淀、路径依赖、民风民情等的影响，个体化在不同的社会形态和时间序列中并不具有普遍的、不变的、一贯的情势，对中国这样特质的后发型社会来说，其个体化多表现出混融的特性，传统与现代、保守与激进、落后与进步等二元范畴往往会在互动中重塑对方，利用家庭的现代资源补充传统体制缺失的女儿赡养现象就是一例（唐灿、马春华、石金群，2009）。前文梳理的娘家流变史也表明，跳脱出情境将不会得到任何有关娘家的客观而准确的印象，如今娘家的兴起在某种程度上是针对传统亲属秩序退场和现代福利保障缺位所产生的补偿，也反映出性别关系、代际关系和亲属关系正在禁锢、束缚、功利与民主、平等、互惠等要素的参差间流转。

将个体化的叙事加入娘家研究，有助于揭示娘家在现时代的复杂特征和多维面向。与其说娘家是"前现代模式的残余"，体现了对现代化"具有强大的抗逆力性和适应性"的传统家庭凝聚力（杨菊华、李路路，2009），不如将娘家看作行动者出于责任伦理、工具理性与情感能量等而展开的创新性实践。正是传统家庭观念和现代社会需求的对话激活了娘家亲属网络，这样女性化的再家庭化趋势强化了无限捆绑的代际关系，也弱化了女性作为独立个体去"为自己而活"的自反性与自我实现的强迫性。对于娘家的理解，需要有比传统回潮更加多元、更加动态、更加精当的解释。

第五节　总结与讨论

娘家研究从边缘到活跃的变化虽然不多么显眼，但是蕴含丰富的信息以及意义。对娘家议题的观察和思考反映出社会实际与理论范式的更迭，上文通过梳理娘家研究所嵌入的历史条件和所展示的研究旨趣，指明娘家的出现是父权制统治的末期后果（unintended consequence），娘家的兴起是现代化发展的意外效应，今天的娘家则与个体化进程展开了饶有趣味的对话。娘家本身就蕴含能动的力量，而娘家研究不仅拓宽了家庭研究的视域，还能够带给性别研究以更多活力，探究娘家和小家在亲属结群的过程中，怎样建构认同、维系联结、促进互惠、克服冲突、因应危机，即小家同娘家之间的界限重构，正有待于娘家研究去解答。

娘家研究属于带有社会性别视角的家庭研究，因而下文的发现与结论一方面反映了女性家庭经历的特殊，另一方面也能够在适当的范围内归纳成为对家庭生活及亲属关系的概化认识。在家庭与性别的交叉领域，从女性的主体性、立场和经验出发，来理解娘家同小家之间界限的建构是如何以及为何，正是本书所力图阐释的议题。

第三章　从"回不去"到"不去回"：回娘家禁忌下的两代嫁女与家庭权力

在某种程度上，即使最幸福的家庭也可以被看作一种权力制度。因为无论何时，每个家庭成员都在鼓动其他成员去做某件事或不做某件事，而这往往会违背其他人的意愿。

——威廉·古德

最简单而普遍的暴政模型就是核心家庭，它以最纯粹的形式，涵盖了年龄和性别分化。

——范·登·伯格

这些约定俗成的选择虽然未必是最合意的，却仍是被认可的。可以肯定的是，这种认可是文化性的，因为选择本身已经是由习俗所规范的程序。

——孔迈隆

由一组相互依赖和相互补充的角色构成的机构中，最显而易见的例子当然是家庭。……家庭不仅仅是一个居住的单位，而且还是——至少有时是一个经济单位和一个法律单位。最重要的是，就其作为成员用以证明身份和情感投入的组织而言，它是一个"道德社群"。……一个权力的研究者必须既要考察政治结构还要考察政治文化。

——波涛·伯克

　　娘家与小家的来往是父母同女儿互动的延伸，这意味着后者构成了前者的基础之一，后者的情形会影响前者的开展，故而探究小家与娘家的界限建构，首先需要检视女系化的代际关系，这不仅是因为我们很难想象平素便同女儿疏离的父母，会在女儿婚后作为娘家对小家产生如何重要的影响，更是由于上一代和已婚女性之间亲子纽带的运作，将会进入并影响娘家同小家之间的界限工作。代际关系包含伦理、情感、利益等多重面向，不同的侧重点适合于不同的研究意图，本章选取家庭权力作为考察代际关系的门径，是基于如下三点缘由：首先，在既有的认知定式中，"家和万事兴""家以和为贵"等传递出情感至上的迷思，而权力属于公领域并充满强制与暴烈的默认则使家庭权力的探讨相对被边缘化，家庭权力的提出契合女性主义关注性别不平等的主张，挑战了既往将家庭生活化为伦理或情感的自然态度，从而拓展与深化了对于家庭的理解。其次，家庭权力从某种意义上看是家庭生活的本质所在，家庭中对地位的确认、对资源的分配、对互动的期待，无不是作为一种关系的家庭权力所产生的结果，而家庭权力也反过来以它们作为再生产的媒介。也就是说，权力的普遍与重要使审视家庭权力有助于找准家庭生活的"命门"，并为对随后议题的分析奠定了基础。最后，西方有关家庭权力的成果相对较多且体系化，方便研究中的对话，而国内对家庭权力的论述尚有限，有待进一步充实。这三点构成了本章从家庭权力的维度来检视女儿婚后与父母即娘家之间代际关系的重要性和必要性。

　　明确了代际权力这一分析对象后，接下来要思考的问题是，如何将抽象的权力概念具体化为可观察的现象。本章的调查地点山西流传有嫁女在新生儿满月前不回娘家的说法，坐月子的女性若出现在娘家，会被看作对娘家人特别是其兄弟不利的邪恶力量，如使后者破财等，故有此风俗以防凶事发生。这样的禁忌，某种意义上不正是可以作为权力的"操作定义"吗？权力意味着支配，支配指一方较另一方对双方下一步行动有更大发言权的关系，民间禁忌即通过否定性强令来禁止特定言行发生，以实现对"他者"的支配，可见，禁忌是权力的现实表达，家庭禁忌是考察家庭权力的"抓手"，回娘家禁忌便是洞悉娘家同嫁女之间代际权力关系的一桩事件。

此外，还需要对研究对象的选择做一点说明。如前所述，娘家的状况随时代主题而异，当我们关注年轻女性与父母的代际（权力）关系时，一个很自然的疑问就是：它是否具有独特性（譬如在时间向度上）？就此，受曼海姆对"代"现象的分析——"经历同一具体历史问题的青年可以被视为处于同一现实代"——启发，本章将以年长女性作为另一部分调查对象，以观察这些拥有不同的体验时间、相差二三十岁的已婚女性在不同情境中面对回娘家禁忌的支配时，会产生有关家庭权力的何种体验，而她们又是如何应对的，并以此来勾勒代际关系及其所嵌入的家庭生活之流转。本章的受访者共计 10 位山西籍已婚女性，包括 6 位年长女性（其中有 3 位是受访的年轻女性的母亲）和 4 位年轻女性，她们在坐月子时对回娘家禁忌表现出遵守或违背的差异化模式。

为避免"头脑空空下田野"，本章将首先梳理家庭权力的研究成果，并沿着实践论的旨趣，根据两代女性的经验与诠释，来理解回娘家禁忌的运作形态以及内在机制，并由此展开对家庭代际权力的分析。

第一节　实践中的家庭权力

玛丽·罗杰斯（Mary Rodgers）认为，权力是影响他人的威望或能力（丁·罗斯·埃什尔曼，1991），这一定义强调关系取向和经验情境的重要性，本章依循实践论来探讨与娘家相关的代际权力的形式、关系与机制，便贯彻了这样的分析路径。

一、家庭权力研究

权力是依赖多方对抗力的复杂的战略形势（米歇尔·福柯，1989），不独社会由多重交错的权力网络构成（曼，2007），家庭亦是如此，家庭权力即被视作理解核心家庭的关键概念（Skolnick and Skolnick，1971）。出于分工和秩序的必要，家庭天然便蕴含权力的成分，家庭权力是理解家庭生活的一条关键线索。

西方学界对家庭权力的关注是家庭研究从整体性、大规模的视角转移出来以及小群体分析成为风尚的产物。1960年，Blood和Wolfe（1960）以决策结果作为度量指标，发表了家庭权力研究的开创性成果——（相对）资源理论，主张伴随着现代化进程，可比较、可量化的资源将取代传统，成为家庭权力的首要基础。之后的研究依据与资源理论的关系，可简略划分为三个方面：其一，对资源理论的充实，包括交换资源论（Heer，1963）、相对的爱和需要理论（Rothschild，1967）以及文化背景下的资源理论（Rodman，1972）[1]；其二，对资源理论的超越，如女性主义者认为，实质上是父权制而不是无性别指向的资源塑造了家庭权力格局[2]；其三，兼有梳理与拓展意图的述评（McDonald，1977；Mizan，1994），如Olson和Rabunsky（1972）针对既有"家庭权力（研究）的无效"，建议发展出能够捕捉家庭协商实际的动力学模型。

---

[1]　Heer提出"最小获益理论"或"交换资源论"，不仅关注个体为伴侣提供资源的价值，而且强调这些资源在婚姻外所被赋予的意义；Rothschild提出"相对的爱和需要"理论，认为夫妻中爱得更深和更需要婚姻的一方，更易因依赖对方而丧失权力；Rodman则提出"文化背景下的资源理论"或"规范资源论"，主张婚姻权力的分配是实际资源与文化解释互动的结果。

[2]　对资源理论的充实与对资源理论的超越两者关系密切，表现为：第一，它们具有共通性，如郑丹丹（2004）认为，资源理论和女性主义学说都将权力物化，两者无实质不同；第二，它们相互配合而联动，即"夫妻间的给予和接受是基于每个伴侣给这段关系带来的资源，包括物质上的和地位上的（属于对资源理论的充实，下同），而夫妻各自的期待受性别规范的影响很大（属于对资源理论的超越）"（沃希，2013）。

　　由此，可归纳出国外家庭权力研究的三个特点：一是多围绕夫妻关系展开，这与其家庭高度核心化的事实相契合；二是受特定观念影响，资源理论及变体或多或少地折射出推崇公平交易的市场化思维；三是越来越强调家庭权力的动态和多维，如 Wolf（1972）将中国已婚妇女自杀轨迹同其生命历程中家庭权力地位之变化相联系的分析。

　　反观中国社会，在宗法家长制的统摄下，家庭权力呈现出先长后幼、男尊女卑的稳定模式，爸爸式的教化权力（费孝通，1998）和以父子为中心的父子同一等概括都反映出社会文化缺少变动的事实，而当生活根基改观，家庭权力的表达与完成也充满了更多可能。目前，受西方学者启发，国内的家庭权力研究可分为定量和定性两类：定量者多通过优化概念内涵与测度指标来寻找家庭权力的前因（陈飞强，2015；金一虹，2015；李静雅，2013；钟涨宝、尤鑫，2014）或探究其后果（徐安琪，2004，2005；郑丹丹、狄金华，2017；朱斌、乔天宇，2015)[①]；定性者则从日常生活出发，关注家庭权力的微观运作过程与机制（金一虹，2015；李霞，2010；南方，2017；唐雪琼、朱竑、薛熙明，2009；王宇、左停，2016；吴飞，2009；肖索未，2014；郑丹丹，2004；左际平，2012）。两种途径都丰富了对家庭权力的理解。

　　概括地说，国内的家庭权力研究大多集中于对西方理论的参照与检验，一方面便利了实证分析的讨论和比较，另一方面由于缺乏对情境及情理的自觉与反思，难免有削足适履之嫌[②]。这构成为本章的一个思考前提。

　　建立在既有研究的基础上，本章将家庭权力看作家庭成员之间生成的不对

_____

[①] 还有一些文章检视了国内学者对家庭权力进行量化处理的不足（左际平，2002；王金玲，2009）。

[②] 当然，如郑丹丹、吴飞、李霞和肖索未等都力图克服这一缺憾并提出了富有启发的见解，本章以为其尚可推进处有两个方面：一是在方法论层面未能明确指出实践理论的价值，二是论述时忽略了对代际变迁的考察，而这对于全面理解转型期的代际关系并非无足轻重。

等关系[①]，涉及家中"说了算"的主体、对象、动机、过程、结局、模式和机制等要素。换言之，家庭权力不仅见之于静态的后果，亦作为建构性因素在环环相扣的事件链中产生并流通，家庭权力的一部分——代际权力关系同样如是。为保持对现实的敏感，本章拟不囿于某一特定的解释框架，而依据家庭权力在具体情境中的呈现，提出具有因果适当性与意义适当性的解释。这样的方法论取径离不开实践理论的启迪。

二、实践理论

实践理论对家庭代际权力分析的意义在于它对现实的开放和诚实品质，因而带给后者以活力与启发。所谓"实践"，"实"表明其实在和实际，"践"指向对行动的机敏和关注，实践就是"在不断被使用的、因而被活化以满足新的用途的关系场中筹划而成的"（布迪厄，2003），它孕育出在权力游戏中游刃有余地因应现实的"广泛实践技能和后天获得的智能"（斯科特，2004）。

理解实践理论需要把握其在认识论层面的前提，包括对社会学知识二重性的自反性意识和采取不同于实体论的关系论思维方式。以对规则的探讨为例，在布迪厄（2003，2008）看来，将实践当作对规则的机械满足的客观主义路

---

① 有关家庭权力的定义十分丰富，许多都强调了其复杂性。例如，王金玲（2009）认为"家庭权力是一种立体网状分布……家庭成员角色身份的多样性使得家庭权力领域内部形成多样且重叠/交错的权力空间"；徐安琪（2005）则主张"家庭权力和两性地位既是多维度、多侧面的，也是一个动态、复杂的交互作用过程……具有模糊性、间接性和潜在性等特征，因而难以精确测量"；再如左际平（2012）采取社会建构理论的视角，视家庭权力关系为"家庭权力结构与权力文化的结合体"，发现在中国部分的父系继嗣家庭中，夫权与父权的动态关联导致"性别与代际权力出现多重性、易变性和内争性"；郑丹丹、杨善华则综合现象学、常人方法学与福柯的权力观，主张"家庭权力并不是由资源交换或规范导致的结果或份额，它总是以一种关系、事件的流动形态出现在家庭中"，并观察到"夫妻互动中的权力主要体现为操纵情境定义的诸种手段"等。在此基础上，家庭权力的分类也不一而足，如Olson和Rabunsky在一项关于家庭权力的效度检验研究中，将家庭权力区分为预测性权力、过程性权力、回溯性权力和权威四个侧面，再如，埃弗克·考姆特（Aafke Komter）为纠正资源理论对结构性不平等的忽视，将婚姻权力分为显性的权力（通过外显的结果表现出来）、潜在的权力（在没有变化或冲突被受访者报告时起作用）和无形的权力（作为社会或心理机制的结果，不为人所识）三种状态。

数牺牲了事物的逻辑，他强调规则与策略在实践中的辩证建构，一方面，内生的策略而非外来的规则，才是把握实践逻辑的关键；另一方面，策略可变化成具有符号暴力的规则，以隐蔽而经济的支配方式，通过实践来合法化并再生产出任意性的剥削关系。安东尼·吉登斯（2015）也认为规则"不能完全根据其内容（如规定、禁令等）而得到描述或分析……它只有与实践彼此关联才能存在"。本章关注的回娘家禁忌作为规则的一种，同样需要检视赋予"成为群众现象……特别是能够传到后世"的礼俗即规则以有效性的生活条件（李安宅，2005），以在鲜活的实践中考查代际权力关系。

实践理论为理解现实提供了有益的方法论工具。在实践论的导引下，布迪厄（2003）对亲属关系进行了一番考证，他认为亲属关系是潜伏在象征资本之下的权力关系，可分为场面上的和实践的两类，前者乃"亲属关系的最正式用途"，后者则多样亦多变。对亲属关系的两分认识与男女的二元指涉相对应，其中妇女"被列为实践亲属关系，去发挥亲属关系的实际用途"。于是，同女性亲密的、非制度化的姻亲关系成为了"倾向于满足物质和象征利益并根据一定的经济和社会条件安排的策略的产物"。布迪厄所说的姻亲关系，在中国社会的一个相关表达就是"娘家"，娘家是与内亲相对的外戚，影响着女性在小家庭的处境。

综上所述，家庭权力研究与实践理论交叉出本章的论述主题——实践中的代际权力，下文将聚焦年长和年青两代女性各自面对回娘家禁忌的实证，以描绘代际权力的形态与变迁。

第二节　回不去的娘家：禁忌约束的年长女性

"嫁出去的女儿泼出去的水"是对传统妇女境遇的形象比拟，透露出家族主义中女性同娘家联系（包括权、责、利、情等方面）的淡漠。既然出嫁意味着"移天"和"于归"，那么与此相对的回娘家就需要遵循特定习俗的安排，据礼而动，如此"回娘家"虽然可慰藉思念之情并带来心情舒适之感，但是因有关风俗"是以男性为中心制定的节日时间轴，因此女性是不太有主权的"，而"女性似乎必须在男性中心的思想下，以迂回曲折的方式寻求圆满之道"（彭美玲，2001；洪淑苓，2003）①。男本位文化主导了女性回娘家的传统叙事②，包括限制女性在特定场合前往娘家的禁忌，这些禁忌为满足父系世系延续的需要（张青，2014），宣称"嫁女假如在娘家过了某个节日，就会发生种种不好的事情"，其根源被认为在于她们从娘家人到婆家人、由父母女儿到娘家外人的身份变化（刁统菊，2010）。本章关注的坐月子不回娘家的习俗，即是回娘家禁忌的一个地方化呈现。

一、阈限期的"坐月子"

月子期以恢复产妇健康为要旨，各地的习俗反映了民俗的象征性观念与实际诉求（Pillsbury，1978；翁玲玲，1994）。探究回娘家禁忌这一地方化知识，父权制的普遍性和月子期的特殊性两者最可能被援用以做解释。这部分将首先探讨"坐月子"的独特意义。

已有的文献分析指出，女性坐月子不回娘家的习俗，对应着她们在以"隧道"隐喻的阈限阶段的生命体验（特纳，2006；李洁，2018），坐月子的结束标志着新的、正常的社会角色的成功塑造（费侠莉，2006）。以此为基础，可从如下三个角度来理解坐月子禁忌的含义：一是知识论层面，坐月子的

---

① 回娘家也可以是感到委屈的妻子向丈夫一家表示抗议的非正式策略，由此可见娘家同嫁女之间与疏离相伴的亲密，即使这一做法的效果引人怀疑，因为或许"当不幸的妻子逃回娘家的时候，她们的父母通常在不愉快产生之前赶忙将女儿送回她们的丈夫家中"（莫里斯·弗里德曼，2000）。
② 李才香（2018）发现在农村地区，当代女性回娘家的习俗正在发生变化，表现为嫁女与娘家的空间距离增大、回娘家的形式灵活多样、女性对此拥有相对独立的决定权等。

女性因性与血等的特殊而同时拥有脆弱和强大、不洁和神圣的两极化意义（李洁，2018），在不可分类等于危险的污染的民间观念中，这一禁忌发挥了保护既有秩序及其道德的一般性功能（道格拉斯，2008）①；二是意识形态层面，娘家对月子期女儿的排斥重申了已婚女性在"娶进来"的婆家和"嫁出去"的娘家之间的不同身份②，嵌植于物化女性的性别政治，社会为实现并保障男婚女嫁的外婚制下"女人的交换"，而设计出如此种种规矩；三是日常生活层面，新妇从娘家到婆家的全方位转变需要进行继续社会化甚至再社会化的调整与融入，成婚为母并不久的产妇在月子期接受婆家细致入微的照顾，能够通过适应例行习惯和加强情感纽带等，促进她对婆家的归属感。可见，回娘家禁忌的专断与强制伴随着实践中的有用性。

"月子"所属的阈限期溢出了日常生活，坐月子不回娘家的习俗借助社会空间、社会身份、社会关系的暂时切断和重新生成，通过程式化的设置发挥出（同娘家）隔离以及（在婆家）过渡的双重功能，维系着民间的生活世界与规范体系，从这个意义上说，回娘家禁忌既属于规范性制裁，也包含了意义的构成（安东尼·吉登斯，2015）。

二、父权制下的日常生活

家庭被认为是父权制发生（在私人层面）的主要空间建制（Walby，1989；卡斯特，2006）。从实践论立场出发，对生成性原则（generative principle）的关注能够尽量避免知识谬误的出现，因而在理解家庭生活时，父权制更适合被当作有待考查的要素而非不证即明的"自变量"。这意味着，追索代

---

① 如许烺光（2001）观察到，喜洲镇民主张"坐月子的妇女不能随便出入家中的大门，因为她'不干净'的身子可能冒犯护门神"；李洁（2018）也发现，在清末民初，坐月子的妇女"如果误入他人家门（包括自己娘家），被认为是'血腥扑宅'"。

② 这个"不同"是形式上的，女性在娘家、婆家两家的实质地位都不过是"服人者也"。

际权力与性别政治的关系,需要检视回娘家禁忌所内嵌的情境性条件。

对于坐月子不回娘家习俗的源起,笔者走访的从二十余岁的青年人至年近八旬的老人均表示不清楚。虽然无法从发生学角度了解禁忌的概念,但是年长代女性从日常生活出发,阐释了她们在青年时期遵从该习俗的三点缘由①:

其一,多子女的现实决定了"娘家还有孙子要看,就是过了满月回娘家,也待不了几天"(个案编号:YH20170126)。换言之,已婚女性的娘家亦是兄弟妻子的婆家,受时间和精力等的制约,老人能够向母婴提供的照料支持是有限的,面对需要密集亲职投入的抚幼劳动,男性中心的资源分配规则倾向于本家的儿子而非外嫁的女儿。

其二,嫁女与娘家的联结在父系亲属关系中被分隔,她们表示"我们已经嫁出去了,娘家不是自己的家";反过来,这也促进了嫁女对婆家的接纳,即"自己有自己的婆家,如果和婆婆住在一起,那总回娘家肯定婆家不乐意"(个案编号:XBD201706284)。可见回娘家禁忌是娘家、婆家两家对已婚女性进行身份界定并规范亲疏往来的手段之一,娘家、婆家两家的认同分化亦体现出"任何全社会认可的程序都包含一种通过象征巩固性情倾向的内在力量"的事实(布迪厄,2008)。

其三,对习俗的遵从还与对无常力量的敬畏和对潜在矛盾的回避有关。不遵守回娘家禁忌被认为会导致"不可挽回的灾难性后果"(张青,2014),出嫁女性因而认为"毕竟有这样的说法,不出事还好,万一出了事,就说不清了"(个案编号:WX20170902)。

通过导引有限的照料资源在娘家、婆家两家分配,回娘家禁忌维护了家庭中偏向男性的性别格局,对父母意见的尊重也契合于孝顺长辈的代际秩

---

① 此处及下文对禁忌的功能分析不等于因果考查,更不应在"可行"的客观描述和"必然"的主观规定性之间画等号。

序。同时，资源的流通伴随着关系的调控与观念的型塑，回娘家禁忌的"畅行"反映出嫁女所持的娘家非家之惯习。于是，得益于具有父权风格的客观设置和性情倾向的适配，作为社会性地构成并传递的规则，回娘家禁忌的规训效应通过象征系统与实际安排的共谋而实现。就这样，在父权制的大传统下，在因应生活条件的过程中，回娘家禁忌有效地约束着女性群体并稳固了地方日常生活。

从家庭权力的角度看[1]，在年长代女性的青年时期顺从回娘家禁忌这一现象中，存有父母对女儿、兄弟对姐妹[2]、习俗对个体等三组权力对。回娘家禁忌的合法性奠基于"通过源头缈不可及的古人的承认和人们的习于遵从而被神圣化了"的传统之权威（韦伯，2005），其有效性系于根据别男女、序亲子等差异化机制而获得相应家庭资源之做法的正当，并且借助"消极的惩罚手段"即对发生不测的威胁来加强其约束力。简言之，年长一代女性遭遇的家庭权力既在方向上具有单维性，即表现为亲—子和男—女之间的高下关系，又在内容上具有强制性，即以粗暴而僵化的方式，保障了家庭秩序的继续。

第三节　不去回的娘家：年轻女性的理性选择

引人注意的是，在今天的山西，仍然可以观察到对回娘家禁忌的遵从行

---

[1]　不同于下文分析的年轻代女性，年长代女性对不在娘家坐月子习俗采取了几乎理所应当的自然态度，如此还能否认为她们受到了家庭权力的左右？之所以产生这样的疑问，或许与对权力的刻板理解，即强烈压抑个体意志的阶序性的、不平等的关系有关。本章响应福柯（1989）的观点，将权力看作弥散的、积极的、持续的和互动的关系，其中的一方试图影响并改变另一方，从而实现自身目的，在此框架中，服从回娘家禁忌的年长女性显然是家庭权力的作用对象。

[2]　虽然未收集到兄弟利用禁忌直接干预姐妹回娘家的案例，但是上文年长女性表述的第一点缘由正反映出发生在兄弟姐妹之间的、指向已婚女性的潜在权力的作用（有关潜在权力的分析详见下文）。

为，即使这发生在（被想象是）更为现代的城市和更加理性的青年女性身上。但如今当女儿坐月子时，娘家父母有去其居住的小家或婆家探望的自由，因此对这一规约更确切的表述应是说：就调查地所见，目前还存在对产妇在特定时间里的空间限制。那么，回娘家禁忌是如何"落实"于年轻代女性的呢？不妨先看几个实例。

一、"不信"和接纳

婷婷的娘家与婆家同在一市，2017 年生育时丈夫在国外，她坐月子时住在自己家，娘家父母是照顾小家母子的主力，公婆也会不时前去探望。月子期一结束，婷婷就住到了娘家，与父母合作育儿。

当询问是否认同若回娘家坐月子就会带来恶果的说法时，婷婷轻松一笑，给出了否定的回答："我不信那些，就是因为这是习俗，有这么个讲究，老人们在意。我们同事一般也都在月子时不回娘家，也都这样想。"她同时指出，"如果娘家条件比婆家条件好很多，比如娘家有空调而婆家又没有，冬天或者夏天都在娘家坐月子不受罪，这时候也就不强求我们不能回娘家了。"可见今天回娘家禁忌的传统并非"铁板一块"，只是在绝大多数时候，坐月子的女性依然被习俗的惯性阻隔在娘家之外。

那么，与子嗣亲近的婷婷的父母如何看待回娘家禁忌呢？婷婷的母亲表示："都是这么过来的，我妈、我，到她，我们原来还是住在婆婆家呢，现在年轻人住自己家就行了。"（个案编号：YT20170110，ZXJ20181013）

婷婷提到的"老人们"指娘家父母，婉彤服从禁忌的压力则来自婆家长辈，这佐证并拓展了前文对习俗利于婆家经营与儿媳联结的分析。

婉彤的娘家在市区、婆家在郊区，尚没有属于夫妻两人的独居房屋。2017年上半年，婉彤产下一女，孩子满月前母女俩都按习俗住在婆家，即使产后半月去市区的医院复检时，她们也没有回娘家停留片刻。月子期后，经协商，婉彤一家三口于娘家、婆家两家交替居住。对于回娘家禁忌，婉彤既感无奈，也有着自己的思量。

笔者："你遵守了这个习俗，当时是怎么想的呢？习俗说回娘家对娘家不好，你认不认同、信不信这个？"

婉彤："不信。遵守它就是为避免娘家、婆家闹矛盾，比较迁就他家（指婆家）。"

笔者："习俗是说回去对娘家不好。"

婉彤："娘家不讲究这些，父母也不信，就是想回就能回。不回娘家就是比较尊重他家（指婆家），出于尊重。"

婉彤的父母为什么对习俗不以为意呢？她母亲表示，"现在都是一家一个孩子，她好就行。"同时，娘家愿意女儿不去婆家的心思，还与他们对亲家的不满有关。婉彤的婆婆有生意需经营（公婆已离异），对儿媳和小孙女的照顾并不十分周全，缺少了长辈帮助，婉彤在婆家的日子总是既疲累又不快乐，据其母亲说，婆家"觉得娶了你就是我家的媳妇，就应该天天待在我家，他（指女婿）特别大男子主义。……她婆婆每天正点做好饭，不合口也不管，你爱吃不吃，也不会另做。……孩子发烧了，他家一家子没一个知道的，哪儿像在这儿（指娘家），我们什么都能帮上"。

在婉彤的经历中，婆家利用回娘家禁忌作为声明和巩固与后代联系的手段，凭此在权力等级中占据上风（就"争夺"月子期的母女俩一事来看），造成了两亲家之间的紧张。（个案编号：ZWT20170901，WJX20181020）

婷婷和婉彤的生活圈子与亲属网络都在山西，那些外出流动的女儿们又如何看待这一习俗呢？

红丽和丈夫在北京工作，婆家与娘家同在山西，她生育前回到了家乡。

笔者："你也遵守了不回娘家坐月子的这个习俗。"

红丽："对，入乡随俗吧。没有必要你因为这些事情去跟大人争论、讨论啊，他不愿意你回，你就依了他就行。"

笔者："那其实这个习俗你在外地是不讲究的？"

红丽："嗯，我不讲究，包括我生了姑娘生了儿子，我以后也不会讲究。"

笔者："到这一代就断了？"

红丽："对对，因为你年轻人嘛。那些都是迷信，肯定都是一种迷信。"

笔者："就是入乡随俗……"

红丽："对，你能不去触碰他们信仰的一些东西，就没有必要因为这些东西去生气或是怎么样，去惹老人不开心。还有我不管怎么样，我走哪里还是以和为贵，这个家庭能维持下去就维持下去。"

入乡随俗的红丽在月子期后，就带着孩子回到了娘家，当然不时地，母女俩也会去婆家居住。（个案编号：RHL20170625）

如果将家庭权力简单理解为"说了算"，那么婷婷和红丽对于回娘家禁忌的服从，体现出传统文化规范对权力分配结果的影响。但我们亦无法忽视她们出月子后对娘家照料资源的需求，正如红丽所说，"有些带孩子的事情就是要靠老人"，福利的提供构成于长辈有利的家庭权力的一个基础，响应了资源理论的主张。婉彤的案例则表明家庭权力运作的过程不乏冲突、博弈，也有协商和让步（金一虹，2015），是动态而不定的。

与上述几人相反，南杨打破了回娘家禁忌。

南杨与丈夫相识、工作、成家于重庆，丈夫是河南人。2017年下半年南杨怀孕，辞了职的她先独自返回娘家，除夕前和丈夫一起到婆家过年。次年五月中旬，南杨产下一女，她生育前及月子期间都住在娘家，丈夫同公婆曾在孩子出生后，来山西探望了几天。

出于何种考虑，南杨和她的娘家不再信守回娘家禁忌呢？对南杨而言，她"从来没把那当回事儿"。至于其父母，乃因"就她一个姑娘，又没有别的兄弟。而且由我们照顾，习惯了，放心"。

在南杨的父母看来，习俗虽在，但子代为独女的身份消解了禁忌之威胁，对后代的关爱也促成了他们对坐月子的女儿的接受。（个案编号：NY20180628，YCX20180628）

从长辈的角度看，南杨和婉彤的父母都对回娘家禁忌表现得开放而包容，这一态度同娘家对子代与孙代的牵挂有关，代际间的亲密在婆家之"不足"（包括距离遥远和照料缺失等方面）的衬托下越发突出。相反，娘家、婆家两家都友好的婷婷的父母则无此顾虑，于是曾经"过来"的禁忌能够继续"过去"，尽管如红丽所言，这一"迷信"的日后消逝不可避免。禁忌的打破可能暗示了作为其根基的生活情势的新的例行化，包括一胎化政策等所带来的下行的亲子轴在家庭关系中的凸显、情感性因素在日常生活中的重要以及女系化的娘家在亲属网络中的活跃等事实。概括地说，习俗可见的变化乃由更复杂、更长期、更基本并相互连锁的改变所致，当回娘家禁忌不再适应日常的需要甚至与之相悖时，难免会被修正甚至抛弃。

比较四位年轻女性发现，她们面对回娘家禁忌所经历与表述的共性体现在同娘家之纽带的凝聚力突出和对习俗原本信念的撤销两方面（与前述在意婆婆及"万一"而无法回娘家的年长女性形成了对比），其差异则在于娘家、婆家两家是同省还是异地，那些共享小传统的娘家和婆家更可能选择支持而非背离禁忌，习俗的变通显示出它的地方性、权宜性与可塑性。

不仅如此，还有青年女性对烙有性别偏见的回娘家禁忌做出更强硬与彻底的决裂，当笔者询问一些女性主义者对回娘家禁忌的看法时，她们（均未婚）表示：

最好就是去月子中心，让你老公出钱。以前的坐月子只照顾孩子，女性不是（受）照顾主体。女性产后抑郁的很大原因就是大家都看孩子不在乎产妇，一群人围着小孩没人理产妇，老公和婆家的态度就在这里面。就我这种比较不在意别人怎么说的，以后如果结婚生孩子，想回娘家就回娘家，过年也不回婆

家的。（个案编号：WXQ20180419）

无疑，这些观点愈加深刻与激进地推动了对厌女习俗及其背后的性别主义的省思与颠覆。不论实际结果是否呈现为服从，年轻的受访者都虚化了回娘家禁忌的内涵，转而强调长辈的权威、情感的意义和女性主体的自觉，她们将禁忌这一规则看成实际的行动环境而予以"实用主义的接纳"（安东尼·吉登斯，2015）。在传统习俗面前，年轻代女性的伪装顺从是对公开文本肯定却又抵触的隐藏文本（hidden transcript）（Scott，1992），选择不回娘家的她们依托尊重长辈和规避冲突以过好日子的积极态度，调和了形式的因袭与信念的传递、"礼仪手册"与"生活艺术"（布迪厄，2008）之间的紧张或错位。

年轻代女性对禁忌的妥协与失范一体两面：如果将父权制作为核心结构，则表面化的服从属于仪式主义（ritualism）；若以现代化或个体化作为核心结构，这种顺从便成为接受目标却改换手段的创新行为（innovation）（默顿，2015）。多元的理解根植于代际权力的复杂内涵和动态运行，亦显现出青年女性矛盾的多重自我（multiple selves）（米德，2012）。

二、代际权力的丛簇

如前文所述，在国家和市场乃至全球化的作用下，受家庭生活的情感转向和家际互动的双系转向等影响，当今女性多会与娘家缔结普遍而显然的亲密关系，因此有违于此的回娘家禁忌需要权力之干预作为保障。一方面，青年女性对习俗的拒斥并不难解释：追逐现代性的过程中，无"礼"维护的"俗"被剥夺掉超验而神圣的价值旨归（张士闪，2016），没有父权制这一"程式真理"背书，也没有嫁娶相对和娘家、婆家相立的生活空间区隔支撑的回娘家禁忌便"失去了它的集体框架"（安东尼·吉登斯，1998），年轻女性对禁忌说辞的否定折射出青年一代的进步观念。

另一方面，习俗规范性的式微不代表它在现实中的无效，当解构却遵守回娘家禁忌的规定时，青年女性将习俗的功能转译为"家和"与"尊重"等新的编码，体现出理性[①]选择的行动取向。对此"理性"的蕴含，可通过两个维度四个方面的权力集束来认识，简单地说，家庭生活中不同的"位置化主体"（positioned subject）分别获取到禀赋各异的权力资源，围绕回娘家禁忌上演了一场"同归"却"殊途"的权力博弈。

其一，从父母/公婆的角度看，青年女性对长辈意愿的尊重部分源于年龄等级和辈分秩序给予父母身份的权力[②]，即婷婷所说的在意习俗的"老人们"。然而，亲属系统中称谓体系和态度体系的意义随时代流转，虽然父母身份多少含有期待服从的权威，但是传统的衰落使长辈权力难以再自然地、无条件地确保其意愿之贯彻[③]。这当中，交换权力扮演了重要角色。

其二，青年女性对长辈的顺从与两者交换时嫁女因依赖而让渡出个人权力、使长辈"说了算"的现实有关。青年女性出月子后与娘家联系的常态化意味着对娘家资源的工具性需要，她们通过服从来维持代际取予的公平逻辑（布劳，2008），使长辈对回娘家禁忌的信念从可能走向可行[④]。

其三，从女儿的角度看，规避冲突的潜在权力是诱使青年女性遵从回娘家禁忌的重要原因，即红丽所说的"以和为贵"。潜在权力被认为在当事人没有

---

① "理性"指有意识地对可能后果进行尽量全面的权衡。

② 独生子女政策等带来子女数目的减少，同时提高了父母对后代的重视程度，使感情要素在代际关系中的地位上升，因而青年女性提到的尊重长辈不仅是对家庭权力在年龄和辈分维度上的分布具有代际差异的确认，也是对亲子情感的表达。

③ 历时性地看，父系权威曾依赖父子同一的关系和大家庭的理想而实现，其中本就蕴含跨世代的"受制于祖先权威"的"同一"特质，加之互动中"父子相互所有"的平衡，以及同宅分家等利于子代的安全阀式的习俗（许烺光，2001），都"柔化"了长辈拥有的家庭权力的绝对性，但从经验来看，传统的父子间权力与今日的亲子间权力，无论在可行还是可欲层面，都不具可比性（王跃生，2010），两者的距离可参照权威性孝道向相互性孝道的转变（叶光辉，2006）。此外，这也符合现代化使"传统权威的形式仅仅成为其他权威中的某些权威"的事实（安东尼·吉登斯，1998）。

④ 将上述两点结合起来，便导致了如此现象："看起来这是父母权力的回归，但核心点在于，之所以能回归在于它能为青年一代的个体利益服务"，阎云翔（2016，2017）认为，这是为"应对个体化进程所带来的紧迫挑战"而激发的个人策略。

报告变化或冲突时起作用，它于无声处见有声，借助对家庭和睦的期许，通过某一成员的被压抑与自我压抑得到实现（Komter，1989）。女性因其性别角色而被期待承担更多整合家庭的情感劳动，面对回娘家禁忌的拘束，年轻的嫁女发展出求安稳以利家和的策略，服膺于定式化了的家本位诉求和性别化逻辑具有的潜在权力。

其四，青年女性对回娘家禁忌的自觉认知和自主谋划，彰显出作为主体的反身性的权力。[①] 在"丰富多彩的生活情境中正在上演角色的能动者的反思性监控"（吉登斯，1998）的作用下，即使那些只采取有限的、隐晦的、低成本的对抗方式的年轻代女性，尚可通过掏空回娘家禁忌的原初想象而赋权于自我，这一种"面从心不从"的技巧表明，"在象征的和仪式的顺从背后也存在着无数的意识形态反抗的行动"（斯科特，2007）。

代际权力既是相对独立的家庭现象，又是影响代际情感、代际伦理与代际利益等实现的因素。[②] 在回娘家禁忌得以满足所蕴藏的权力关系丛结中，长辈权力、交换权力同潜在权力彼此配合，主体权力则对它们进行了部分抵消，显示出权力兼容依赖和自主的双向性特征（安东尼·吉登斯，2015）。不过，上述代际权力的四种成分在情境中并非会必然地、全部地、同时地出现。[③]

另外，权力"在各种不平等与运动着的关系的相互影响中进行"（福柯，1989），代际权力之合力背后"非共时因素的同时存在"（布尔迪厄，2002），

---

① 这并不意味着女性的主体权力到如今才有。其实，无论农耕社会还是工业社会，"主中馈"的女性在操持家务、养育儿女方面的职能性付出和情感性投入，便赋予了她们获得家庭权力的可能（Parsons，1943；聂元龙，2012），但时代变化是显然的，现代青年女性对主体性的自觉，推动了她们对代际权力的敏感和对平等地位的争取。

② 这恰体现出家庭生活的复杂性，其表现就在于其诸成分如情感、伦理、工具、权力等既相对独立，又是彼此流通和再生产的载体。

③ 如对娘家反感但婆家支持禁忌的婉彤而言，她更多地受制于长辈权力和潜在权力，自身亦不乏主体权力，交换权力则较不明显；再如对成功回到娘家的南杨而言，虽显见主体权力而潜在权力遁形，但不表明她没有受到代际间权力的影响，恰恰相反，在独特的机缘中，是父母的同意而不是女儿的意志更具决定性。

体现了家庭作为"传统和现代性之间斗争的场所"之定位（郑曦原、李方惠，2002）。代际权力丛簇反映出代际关系的模糊性（ambiguity），模糊暗示团结与冲突的并存和频繁，也意味着更多的不确定性与实现可能（Mabry and Bengtson，2004），模糊的代际关系导致回娘家禁忌在延续中再造。至于这一权力复调能否成为考察代际互动或家际往来的一般化模型，则留待日后的观察。

综上所述，回娘家禁忌的沿袭与嬗变是娘家、青年已婚女性和婆家等主体联合行动的产物。在自我意识不断蓬勃的现代，传统伦理难以整合起所有家庭成员的利益，代际权力关系遂面临更多的冲突可能及协商空间。年长到年轻两代女性在青年时对回娘家禁忌的认识和行动，喻示着父权家庭的危机（卡斯特，2006），展示了有意识主体与结构性限制在以家庭为平台的群体动力学中的彼此改造、相互成就，亦反映出（青年）已婚女性角色从附庸到自主的趋势，即便这在某种程度上是"顺手牵羊"式的（王金玲，1997）、不完全的（沈奕斐，2009）。

第四节　总结与讨论

Holroyd 等（2005）将女性遵守坐月子习俗的现象解释为对家人期望的顺应和对家庭关系的维持，不同于这一情感或伦理层面的理解，本章从代际权力的角度拓展了分析。此外，翁玲玲（2004）视坐月子仪式为通过仪式，强调传统社会中婆婆而非儿媳的操控表明了双方权力之强弱，本章的发现则与之构成时间的延续（从传统到现代）和视角的转换（从关注象征性到强调实践性）。年长和年轻的两代女性在青年时期有关回娘家禁忌的实证，揭示了地方性习俗由"实"向"名"的蜕化，同时表明在日常生活中，已婚女性与娘家父母之间代际权力关系的构成正从单维向多元变迁，其运作亦由强制转向宽松，借此可管窥家庭生活的复杂特性以及年轻女性的矛盾体验，她们在情境与需求的互动中，建构着自己作为女儿、儿媳妇、母亲等的多重家庭身份。

回娘家禁忌发生在亲属关系中，亲属纽带依恃于"只有变得不可辨识，才会被人接受"的权力关系（布迪厄，2003），可见家庭权力不仅存在，而且运作隐蔽与深刻，它是由基础、过程和结果循环构成的三位一体（埃什尔曼，1991）。从自然认可到不以为是，两代女性对回娘家禁忌的不同反应受到了重要、复杂而微妙的家庭权力的型塑。有关"家"的浪漫化迷思不应遮蔽对家庭权力的还原（但并非化约），家庭权力以对对方的影响为表达，见之于实践，是社会规制、群体生态与个体意志互构、角力、协商、磨合的产物。追索女性行动者的生活片段发现，回娘家禁忌的实践生发于权力的既定性和可能性、主体的他者性和自为性的交互作用，但无论今昔，大多数已婚女性对禁忌的服从都显示出遵守而不是违背规则的有利可图①（布迪厄，2008），可见，包含代际维度的家庭权力之运行离不开实践提供的条件与利益。

就同娘家的往来而言，"年龄群体"经历的异质性有其结构性成因。不同世代女性在青年阶段身居不同的情境，依据相异的逻辑，使回娘家禁忌于沿袭中嬗变②。家庭仪式根植于特定的家庭权力（包括代际权力）、家庭制度与家庭伦理，回娘家禁忌从礼俗到习俗再到遗迹的演变，体现出女性和娘家地位的上升，娘家走向"前台"重塑着亲属结群的模式，年轻女性的"高调"改变了家庭互动的规范，转型中的代际权力模型越来越成为自我叙事与生活政治的表达。现代化对父权制度的瓦解，去集体化时代改革的深入，福利提供方面国家退出和市场服务高企所共同导致的家庭作为个体资源之功能的突出，独生子

---

① 这并不否认反例的存在，现实的"奖励"只是行动者所以如此行事的充分条件。

② 习俗的延续或许还与作为调查地点的山西的特殊民风与社经状况有关，对此有待更多的探析。

女政策施行及相伴随的亲属纽带双系化乃至女系化，混合着儒家传统的留存与风险社会的渗入，织就了家庭关系个人化、家庭形式多元化的图谱（卡斯特，2006），编撰出今天青年女性的娘家故事。面对回娘家禁忌，两代女性态度和行事的异同，反映了不同社会情境对代际关系之结构和过程的型塑，表明习俗存废并非历时的自然迭代而是实践自如的策略，自有其理据的行动者正在权力的流动中，确定着可变而合宜的平衡点。

代际权力丛簇的发现，说明代际关系的处理方式已从预先设定的熟习与默认，裂变或细碎化为多重因素的嵌套和互构，此时，娘家两代人的关系显得亲密而务实，并尤可见年轻女性的积极运作与自主谋划，尽管她们可能无法完全实现其意志。那么，当两代人成为两个家，如此相处方式会对小家同娘家的互动产生怎样的效应，这成为下一章要探讨的议题。

第四章 在娘家与婆家之间：小家庭育儿过程中的界限工作

在凤凰村，孩子们，尤其是儿子们是由宗族监护的。因此涉及儿子与父亲的重大事件时，将不由父亲决定而是由经济群体或祖先群体的首领决定。这一政治控制的例子中，后者的地位因古老的忠孝观或尊敬长者的观念所强化。很少做父亲的会倔强地反对这种观念的压力。

——葛学溥

（媳妇们都在讲）公公婆婆又没有生我，我怎么可能跟他们有感情；如果有的话，也是装出来的。很自然地，我会对我妈有感情嘛。

——阎云翔

市场对生活世界的侵入，使代际交换变得更具工具理性，传统交换的均衡互惠原则被破坏，并朝着不利于亲代的方向变化。

——金一虹

经过前三章的铺垫，本章将进入对娘家同小家之间界限的直接观察与分析。

转型期，家庭网络化的成因、表现及影响等已经成为研究的热点与重点

（彭希哲、胡湛，2015）。当我们把视线从女儿与父母的关系转向小家同娘家的关系时，疑问便浮现了出来：所有的小家与娘家都相处和睦吗？它们是如何处理冲突的？两者间的互动是否存在其他模式？那具体是如何表现的？影响小家同娘家关系的因素又包括哪些？对此，本章将通过观察受访者的家庭育儿安排而尝试予以解答。事实上，儿童中心的话语和密集母职的期待等往往成为黏合因婚姻而分化的夫妻家庭与出生家庭的重要事件，因此育儿组合策略的计划和实施是考察小家同娘家以及婆家之间动态关系的有利契机。

在第一章概述全书时，我们已经提到了"界限"对于理解小家同娘家关系的意义，这里不妨就此再详说一些。

当亲属结群不再囿于固定"套路"，小家庭与大家庭的来往或深或浅、或平等或层化、或厚于物质而薄于精神或恰恰相反，凡此种种，都指向了一个始自地理学的范畴——界限。对中国人而言，"界限"是一个不大受欢迎的词汇。两个人的要好是以"不分你我"来衡量的，子女更被父母视为"是他理想自我再来一次的重生机会"（费孝通，1998），但如下文所述，界限的含义与功能决定了它在洞悉娘家同小家关系时的必要性以及重要性。

顾名思义，界限含有边界和限制的意味。从国家的疆界到母子间的分离，界限无所不在①（刘思达，2011），它是对外声明独立性的屏障，也是向内维持统一性的标识，对家庭这一既镶嵌于社会又自有其特性的建制而言，界限发生在家庭单元与外部环境之间以及各家庭亚系统（如夫妻、亲子等）之间。家庭界限既体现在实体层面，即规定人们可以和不可以去哪里、能够和不能够做什么、允许和不允许谁进出家庭（Day，2010），又运作在观念层面，"把什么等同于家庭的一种'界定范围的定义'"即家庭认同（family identity）就是

---

① 譬如，刘思达（2011）基于对中国法律服务市场这一生态系统的分析，提出了"定界"（boundary - work）的概念，它包括分界（boundary - making）、合界（boundary blurring）与维界（boundary maintenance）三种形式，刘思达认为，这些过程可存在于多个社会领域。

如此（上野千鹤子，2004）。但界限并非一成不变的僵化概念，而是流动的、多变的建构过程，所谓"界限工作"或者说"划界"，是对界限工作的考察，涉及家际来往的动力、规则和内容等。家庭界限的确立、维系与运营如筛子般，明晰了家庭内的成员资格和信息流动，也诠释出个体家庭身份所对应的责任期待（Day，2010）。概括地说，对界限工作的观察及分析，有助于从可见的和不可见两个层面来理解娘家同小家发生合作、协商或冲突的事实、过程与机制，从而为把握当今纷繁复杂的家庭现象、灵活多样的亲属关系以及女性主体的独特经验，提供别具一格的视角、材料以及理解。

从界限的角度重新审视以往对于"延展的、多面的、巨型的"中国家庭的研究（金耀基，1999），能够收获新的景观。向外，家庭界限具有伸缩性，作为社会基本而核心的单位与制度，家庭嵌入在以"己"为中心的差序格局中，所指从太太一个人、伯叔侄子一大批到天下苍生，可大可小（费孝通，1998），实际上，任何个人最初都是一个既十分包容又异常封闭的家户之成员（莫里斯·弗里德曼，2000）；向内，家庭的界限强调伦理，表现出"处处尚情而无我""互以对方为重""先有家，乃有己"的特点；从时间向度看，无论以均衡互惠为基础的"下一代对上一代都要反馈"的"反哺"模式（费孝通，1983），还是"一边联结着众多的祖先，另一边是无数的子孙后代"的父子同一关系（许烺光，2001），抑或通过分、继、合而实现家庭与社会再生产的分家过程（麻国庆，1999），都呈现出在过去取向的稳定社会中，对大家族统摄下的小家庭间的界限予以消弭的期待；从心理层面说，家庭是个人身份认同的基础（麻国庆，1999），传统中国人的自我被认为涵盖了家人，因而待家人如待自己（李美枝，1993），作为家人的父子和兄弟等血缘关系属于放心关系，而"血缘关系以外的人则被置于是否有信任的关系中"（翟学伟，2014），可见家庭成为了划分人我、群己之界限的深层动机。

　　在传统中国社会，家际间的界限会以分家的方式得到体现①，呈现出赡养老人、祭祀祖先与合于家族的有机统一（麻国庆，1999），彼时，向上的、外在的、既定的需求对于界限工作的影响更具决定性。而今，一方面，核心家庭间的独立与联系相伴相生，城乡皆然（金一虹，2015；彭希哲、胡湛，2015）；另一方面，子辈日渐增多而亟待满足的需求等正促使老年人从依赖者转向提供者，中外同是（许琪，2013，2017；Mabry and Bengtson，2004）。伴随家庭结构核心化而出现的家庭功能网络化，与引发私人生活变革的个体化浪潮相纠缠（阎云翔，2009），凸显出"界限"在理解家际关系时的现实意义。如前文所述，当娘家对于小家的日常越来越重要时，发生在小家与娘家之间的界限工作又具有哪些特征，并蕴藏着怎样的逻辑呢？

　　本章旨在了解小家同娘家及婆家互动的现实、过程与逻辑。调查在山西和北京两地进行，共选取 8 个家庭，计受访者多人，包括年轻的已婚女性 8 人、年长的已婚女性 6 人、1 位社区知情人以及 2 个微信群中的数名成员。通过询问受访者家际互动的常态安排是什么、为何如此、效果和感受怎样、有无冲突、如何应对等问题，并对其日常生活进行观察来收集资料。虽然本章的关注重点在于娘家同小家的界限工作，但是事实上，作为亲属关系的一部分，婆家的地位和作用亦无法被忽视，它往往是娘家的对等甚至对立存在，故而在调查和分析时并不会回避婆家的出现。行文中为保持用语的统一与连贯，始终以从

----

　　① 需要注意的是，即使在父权制社会中，分家的实际也可能跳出标准化的期待，这表现为：其一，分家形式的变通，即除别籍异财外，家户的析分还出现了聚散兼容（在宋代，大家庭在同居共财的表面之下，出现了"自办蔬肉"等变通）、既凝亦分（同宅分家）等灵活的方式；其二，年轻女性和娘家的作用，如李霞（2005）观察到，分家过程中"子辈特别是儿媳的感情因素——有一个'自己的家'的力量不容小觑"，"在新家的建立过程中，妇女最重要的关系资源是丈夫和娘家……娘家方面给予的合作和支持对于妇女发展自己的家庭和在家里提高自己地位无疑是很有利的因素。"时至今日，在少子化时代的农村，分家出现了明显的代际异质性："分出去的小家庭作为一个独立的经济单位其权利—义务边界是很清楚的，但是父母家庭的权利—义务边界则是相对模糊的，分不清的。"（金一虹，2015）

女性视角出发的"小家""娘家"和"婆家"来指代子辈的婚姻家庭与夫妻双方各自的出生家庭。

第一节 合和与疏离："亲"与"好"的博弈

"话说天下大势，合久必分，分久必合"，分合互见的智慧早已渗入国人的思想，也融入了家际界限的开展工作。

一、合和

出于现实的需要与情感的牵连，婚姻家庭倾向选择同出生家庭建立互惠互利的亲属联结，由整合而和睦。这部分将集中呈现小家与娘家、与婆家合和的案例各一，以展示其间的亲切、愉悦以及温暖。

小郭和丈夫都是独生子女，她的小家、娘家与婆家都在同一城市，婚前由男方出资，全额购买了一套二手房，新居距离小郭的工作地和其娘家较近。婚后一年小郭的儿子降生，因公婆忙于打理布店生意，丈夫又常年在另一城市工作，逢周末才能回家，故而退休的娘家母亲承担起了"远距家庭"中绝大部分的抚幼劳动，目前小郭一家的家际互动模式如下：周一公婆前往小家照看孙子，待小郭下班后离开，周二至周五转由娘家照顾小家，晚上父母有时回自己家有时则不回，周六日丈夫归来，一家三口团聚，老人休息。

小郭提到现在流行的一段话："妈妈生，姥姥养，姥爷天天菜市场，爷爷奶奶来欣赏"，很大程度上这正是她当下生活的写照，小家同娘家的合和体现在空间之近、情感之亲、合作之密三个维度以及它们彼此强化的互构关系。小郭概括了娘家照料小家的三方面优势：其一，自由，"在娘家基本上想怎么样就怎么样，在婆家就不太好意思了"；其二，方便，"生活习惯也很重要。在娘家毕竟生活了二三十年，做的饭菜都可口；婆家肯定也是好吃好喝，可难免吃不习惯"；其三，轻松，"发生了小摩擦，和自己的父母，今天吵完，明天就过去了；要是公公婆婆，可能我没事了，还不知道人家怎么想呢"。这些特点使娘家成为熟悉、信任和亲近的"自己人"。"父母是自己人，其实爷爷奶奶肯定也是亲，不可能害孩子，但是心里感觉就不想让他们带。""亲"成为了小郭与娘家合和的润滑剂。（个案编号：YTT170213，YTT180306）

小孙的经历和感悟则与小郭形成鲜明的对比。

在各自的出生家庭中，小孙有一位哥哥和一位姐姐，丈夫有一位妹妹，她的娘家婆家都在农村，小家则在城市。小孙婚后育有两个儿子，她自怀孕起就由婆家照顾，日久天长，将心比心，小孙与公婆相处融洽，她直言"我就不属于有代表性的"，因为"大部分人喜欢让娘家看孩子（一声/平声的"看"孩子，不同于四声/去声的"看"孩子，前者更强调日常且长期的照顾，此处为前者），和老婆婆关系搞得不好"，如此"例外"源自凝聚性的情感能量对小家与婆家的黏合。

小孙对公婆的接纳和感激建基于日复一日的良性互动。"一开始肯定有隔膜，有隔膜是因为他们不属于原生家庭，生活习惯不同，特别明显的一点是我老婆婆从来不关门，你要是关门她就不得劲，还有我们家原来铺地板的时候，她两个从来不知道换鞋，就直接进来了，那地板就得天天擦。其实他俩老多毛病……我现在觉得他们从小就是这种习惯，因为环境就是那种，你让他改也不现实。"

"老多毛病"的公婆如何获得了小孙的理解呢？倘若将理解分成意愿和能力两部分，那么上面小孙对公婆生命史的追溯反映了理解的能力，她接下来提到的几桩小事，则暗示理解的意愿离不开对方带来的感动："我说我老婆婆不干净，她也从来没有说过啥，后来有一次，我儿子的碗里有一根头发，不是说她刷不干净，是我老婆婆眼睛不好，确实看不见，那么明显她就看不见。而且我现在也不会缝扣子，都是她给我缝，我一开始都不给她穿线，不知道她是那样，后来才发现她都是靠摸，你知道吗，很难的，人家是很难的，你自己却在那里闲得慌。"

感动是情感的共鸣和心灵的触碰，揭示出小孙所在的小家同婆家合和的关键——公婆真诚而无私地支持小家，并且这付出得到了小家的承认。"虽然我老婆婆有这么多缺点，但是有一点我觉得挺好，就是她对两个孩子是真心实意的，我老公公也是真心实意的。……你看我是儿媳妇，但是我老婆婆老公公从来没有把我当儿媳妇，就当成自己的孩子那样。你想想吧，在这个世界上她又没生你养你，给你看孩子，而且人家对你挺好的呀。但她从来不说自己是付出，她就觉得是应该的，不是说她觉得有功劳怎么样，她觉得就是理所应当的，就是自己的孩子，就得这样照顾。"

在小孙看来，婆家的贡献超越了婆媳互为外人的阻碍，不"亲"但"好"；在公婆眼里，对后代的照顾是其身为长辈的天生义务，因"亲"故"好"。无论前者抑或后者，都建构出小家与婆家的合和。（个案编号：SHJ180517）

与小孙类似，受访的社区知情人向笔者讲述了另一则小家同婆家合和的事例。

小康的小家和婆婆相处融洽，小康是会计，每个月会给无退休工资的婆婆500元现金，也会不定时地给她超市的购物卡，"让她想买啥买啥"，小家的日常开销则由作为子辈的夫妻负责。"人家一家就过得很好嘛，老人每天开开心心的"，知情人特别强调了小康的小家对婆婆及其劳动的尊重，以及经济条件宽裕带来的生活不紧张，"人家把老人当个老人看待，需要（她）看孩子。老太太没工资，人家也挣得多"。（个案编号：MM181005）

小郭、小孙和小康的案例表明在家庭生活中，情感的经营与日常的惠利相互作用和成就（张爱华，2015），有利于小家同娘家/婆家合和的发生与维系，而这并非互动的特例。马克·格兰诺维特（2020）早已发现家庭等强关系往往需要较长时间去培养。可见无论天然的血缘、自发的情感抑或伦理的期待，均是合和的必要不充分条件，受家庭情感化与个人化的转向型塑，大家和小家的团结需要在绵延的生活流中，依赖主动的、积极的、双向的日常沟通来实现。

对小郭与小孙两家而言，同一方出生家庭合和相伴随的，是与另一家的疏离。

二、疏离

疏离指婚姻家庭和出生家庭在沟通、支持、情感等方面的淡漠，双方因疏远而分离，它往往同合和相反。这部分仍以上文的主人公——小郭及小孙的经历为例，以展示界限工作中分与合两者的关联。

合于娘家的小郭，由于客观的不适应和主观的不接纳，与婆家相分，这体现在日常行为的抵触、交流沟通的浅表以及对公婆身份的冷落等方面。"生活习惯不一样。其实有时候他是好心，咱可能觉得怎么把饭弄得这么咸呢？在婆家就是弄下（指做饭）啥算啥，人家给你做的花样再多再好，也觉得不好吃，但你也不好意思跟人家说啥，就是做了什么就是什么，无所谓。"

小郭对婆家认同的裂隙在育儿时尤甚。"比如咱们吃个东西，吃完会放回去，他奶奶就弄得乱七八糟，我总觉得孩子小，再吃会不卫生，有时候就跟她说，她说那有啥了、没事，就是不讲究。要是咱妈，肯定就直接说了，可你说是婆婆，是说呢还是不说呢？刚开始我肯定不说，但总这样，我会告诉她。但婆婆公公他们可能觉得就你懂，咱妈你告诉她，她就接受了，公婆他们就不觉得自己是有问题的。"与其说这是育儿方式的歧异，不如说是在比较婆媳的对立和母女的通融："婆媳之间天天在一块儿，婆婆看儿媳妇真懒，儿媳妇觉着对方真麻烦，不就产生矛盾了吗？（即使）你和父母天天吵架，一会儿就忘了，婆媳不一样，可能就我记你一辈子。"

为什么面对年龄相近的公婆和父母，小郭会评价得处处抵牾呢？关键在于两种身份与小家的小郭相"亲"与否，如小郭说对公婆"不亲，那有啥亲的？就是老人、他（指丈夫）爸，就是这样"。公婆角色的特性导致了与之相关的养老和抚幼的形式化及表面化。

一方面，小郭主张未来养老时，"谁家的就是谁家的。等你老了病了，我找上你儿子，肯定会帮忙，比如在钱上；要是端屎端尿，可不可能？那不可能。他没生我养我，我还伺候我妈呢，咱伺候他干嘛？谁家都是这样。反过来，人家也不会尽心尽力地伺候你家，不是自己的爸爸妈妈，就不可能那么亲。老人们不是说，儿子还指望不上，还指望媳妇呢"。小郭这样的表述也得到了统计数据分析的支持，研究发现，权力机制在家庭资源的代际分配中发挥了一定作用，子代家庭中的妻子权力越大，小家对父系家长的经济支持越少（郑丹丹、狄金华，2017）。另一方面，抚幼由于母亲决定的缘故而疏远了婆家，"现在不像过去，反而是娘家看孩子的多，因为女性带孩子的（小家）多，有空肯定妈妈说走吧，我带你回姥姥家，不可能没事说我带你回你奶奶家，那肯定是有事了"，因此对盼孙心切的公婆来说，"周一，你要是想来、想看他，就过来；周六日看情况，包括天气呀什么的，我们要是有时间就领回去，当天去当天回，也不住"。

日常生活中，远距化成为小郭所在的小家与婆家疏离的策略，其形式包括：第一，时空维度上往来间隔的拉大。小郭主张和婆家接触少矛盾便少，"（孩子）爸爸周末回来了，带着孩子去找爷爷奶奶，这是正常的，你不可能这也不让，那我就跟着去看一下。小孩子现在一岁多，还小，等他两岁三岁的时候，就可以他爸爸开着车拉着他去，我就不用去了，我回去其实就是帮忙带小孩"，因此与婆家的相见，不过"一年就回几次，面子上过去就行了，你要是天天见，就容易有矛盾"。第二，交流局限在"前台"且稀薄。小郭面对公婆不适当的育儿习惯时，"如果孩子他爸不在，可能我会说；如果他在的话，那就我告诉他，让他去说，你告诉你妈，别那样了，不然孩子吃坏。和（如果是）我妈（的不当）就是我去说一样，人家再吵架，人家也是亲的，你试试和人家吵一架"，而倘若公婆饭菜"做得不好吃，我吃一半不吃了，就是这样，你还能指责人家妈做的不好吃？"

疏离不仅见于小家和婆家之间，小郭的娘家、婆家两家也围绕与第三代的关系而在暗里对抗着，试举两例。

叫谁的名字？小郭儿子的学名是爷爷"花钱找人起的"，乳名则由小郭和父母所定，日常生活中，爷爷奶奶和爸爸总是称呼孩子的学名，姥姥姥爷和妈妈则一直呼唤孩子的乳名，即使双方同时在场，也会依照各自的习惯与喜好来分别称呼幼儿，未见混用。对于名字的纷争，小郭表示"类似一种话语权宣誓。……并不想要压倒对方，但力求平衡"。在某女性主义者聚集的微信群中，一些尚无子嗣的女性也表达了相仿的观点，姓名之争成为家庭地位与权力的反映："作为女生，打算如果姓随父，辈分（指名字中间的那个字）要随我，如果两个孩子，那就一个姓随我，一个姓随父"，"因为作为女性的性别经验里，总是有关于女性在继承权和家族地位的弱势经验，所以就会非常在意这些。……这也都是说着玩，真要起名时，也不一定会十分坚持，毕竟男女平等还要有更实质的内容"。而小郭娘家对此的考虑更为实际，对于小家，双方家长给予的支持呈现"娘家出力，婆家出钱"的模式，小郭的母亲表示，"姓谁家的姓就该谁家管啊"，反过来，既然娘家是照料幼儿的主力，那么责权对等的公平逻辑便赋予了娘家以决定幼儿名字（之一）的理据。（个案编号：WXQ20180130）

笔者曾就对姓氏的介怀这一话题，在某微信群中进行调查，得到的回答可归纳成如下三类（这可作为对上述现象的补充）：其一，从认同的角度来解释，如"传承""跟你姓就是你家人"；其二，强调性别的不平等，"没有一个孩子是跟妈妈姓的，妈妈十月怀胎辛辛苦苦生的娃，还得跟爸爸姓，爸爸就播了个种，啥也没做，其实公平点，孩子应该随母姓"；其三，对此不以为意，"感觉不是之前大家庭，一家三口生活姓谁的姓都没啥"。（个案编号：WXQ20181222）

姓氏的重要性在于它兼具象征性和实用性双重功能：一方面，"姓"始终是政治的表征，无论是最初作为管理土地与人民的符号，还是目的在于"切断妻子和娘家的联系"的夫妻同姓（包括妻从夫姓或妻冠夫姓）（上野千鹤子，2004），抑或多民族国家改造少数民族时的标准化赋姓（沈海梅，2012），莫不如是。特别是战国秦汉以降，姓成为父系的血缘标识（杜正胜，2018），在婚嫁制度中，为实现单系父权制家庭的延续，姓氏被视作"必须要传下去的血脉之'宗'的标记"。另一方面，"共同的家庭姓氏是家庭成立的物质基础之一"（上野千鹤子，2004），于是，"入赘的男人（会）通过出让姓氏继承权来获取财产的继承，甚至换取村民资格"。正因为姓氏既包括祖传产业和家庭财产这样的实体属性，也具有同祖同宗、传宗接代的象征属性，所以即使对父系家庭传统具有变革性意义的"两头挂花幡"来说，它所引起的"最主要争议便是下一代跟谁家的姓"（金一虹，2015）。

虽然如今姓氏正逐渐失去曾经在父权制语境下的重要意义，但是在家庭政治中，姓名的争夺仍然具有权力的烙印，小郭的娘家同婆家围绕幼儿姓名的势均力敌，即对平衡这一原则的坚持，隐晦但积极地反映出如下信息："另一方已经僭越了自身决定权的限度，成为一个支配角色"（古尔德，2017）。换言之，第三代的姓名不仅是亲子情感的证明，也成为家庭权力的可见表达。①

谁来看宝宝？自女儿怀孕始，小郭的妈妈就包揽了一切照料事宜，孩子的

---

① 沈奕斐（2010）将姥姥对外孙姓氏的介怀，解释为老年女性建构"子宫家庭"的努力："因为对崔燨的妈妈来说，这个孩子是她的'子宫家庭'成员而不是崔燨婆婆的。"

成长离不开姥姥的悉心抚育，日常起居、接种疫苗、看病问诊，老人总忙前忙后，很辛苦。外孙本就体弱多病，又时常哭闹，面对这个"真不好看"的孩子，姥姥也会感叹"不省心""愁死人了"，却并无不再抚养的念头，"要是一开始不看也就无所谓了，现在可放不下，一天不见就想得不行"。反观另一边，虽然奶奶最初和爷爷一起打理生意，但是孩子渐渐长大，老人对孙子的疼爱日盈，又因其总是生病，难免对亲家母有所微词。私下里，奶奶表示想天天照料孩子，但"人家看得好好的，不好张口啊"，于是至今，爷爷奶奶坚持在每周一来到小郭的小家，看望尚不到两岁的孙子。（个案编号：YTT180306）

虽然婆家对小家的经济投入颇多，但是显然财富并未成为小家亲属网络中的决定性因素。当然，这或许也与小郭的小家、娘家、婆家之间的社会经济地位差距并不十分显著有关。当娘家兴起后，娘家和婆家的"对称关系反而容易滋生对于支配的争夺"（古尔德，2017），导致双方需要就具体安排反复协商，从而为彼此的冲突或矛盾（不论是外显的还是内隐的）铺设了空间。

对小郭来说，与娘家的往来是日常性的，同婆家的走动则偏向有节制的仪式。给婆家的"面子"代替了"里子"，敬而远之的策略使小家和婆家的疏远以隐匿的方式真实存在。反之，对曾被视为"赔钱货""家中贼"的女性来说，娘家的活跃尤其具有变革性意义，这是对女性家庭地位的确认，也会影响亲属结群的形态。而亲家之间的角力①既与儿女的家庭地位有关，也是两个家庭的较量②。

此外，小郭的经历还表明小家同娘家、婆家两家的分合发生在阈限内外。Luhmann 指出，阈限是涵化与区隔并存的标记，"整个可能的差异范围因而在

---

① 回望过去，在宗法制度的笼罩下，对女性及其婚姻家庭而言，娘家与婆家之间就形成了各有意义、相互成就的复杂关系。

② 类似的现象还发生在苏南地区，当地娘家所给的陪嫁普遍不能低于男方聘礼甚至要超过一点，一方面"不输男方是一个家庭家族间竞争性考虑，（而）不能让女儿在婆家没地位、受委屈则是情感性考虑"（金一虹，2015）。

简单粗略的区别下达到一致，而其余则被压到阈限下潜伏"，以阈限来划界导致"对大量的细节和经验的细微差别相当不在乎"。换言之，阈限的边界内外存有"主观上对外的异己感（the sense of otherness），以及对内的基本情感联系（primordial attachment）"。在小郭看来，自己同娘家的关系类似丈夫同婆家的关系，各自处于交流的阈限之内，所以双方"再吵也亲"；反之则不然，因此小家"女主内"的现实导致了其同婆家的疏离。

自称例外的小孙则相反，婚后小家与娘家的分裂日甚，很让她寒心。

小孙的娘家、婆家两家互为参照群体，在纯朴、善良、无私的公婆的对比下，小孙小家同娘家的疏离与两代人原本的血缘纽带形成了反衬："我老婆婆老公公一点儿都不小气，看人也不势利。但是我爸妈就比较虚，他俩关系搞不好，搞得我们这一家人关系都不好，可乱了。知道是自己亲生父母，也挺好的，也该给钱给钱，但是不能让他们看（孩子），给你看得乱七八糟。"

"亲"的名实分离——亲生不亲近，始于小孙"嫁出去"后就成了被"泼出去"的外人这一家庭身份的变化，父母的见外于嫁女导致了小孙的自外于娘家，"我以前没有理解过，自己结婚，其实从根本上来说，我就不属于娘家了，我父母分得很清"。

娘家对小家的"分得清"一方面体现为经济方面的分割，"那些八杆子打不着的亲戚，我们也要随礼，回到家父母就说要还给他们钱，那结婚的时候，我们收的礼钱我们也没要啊。其实这个事情跟我们没多大关系，那是因为你的面子，这挺伤害感情的。① ……我们一年年没什么事还给家里钱呢，干嘛要算这么清呢？我老公公老婆婆虽然没钱，但是家里七七八八的事儿，我老婆婆从来没跟我说过，也没跟我要过钱。还有一个事儿挺生气，就是我结婚的时候，

---

① 这与沈关宝（2007）的发现形成对比："娘家亲戚送礼的现金都留在娘家，同时也把还人情的责任留给她的父母和兄弟"，小孙的经历似乎反映出女儿因其独立而导致她的工具性增强的悖论。

我们家就给了我 6000 元钱。我爸给自己买的床，都花了两万多。我哥结婚的时候是给了他 30 万元，又给了房子，还给了他儿媳妇 6000 元钱，还有那些乱七八糟的，咱都不知道。我结婚的时候，给了我 6000 元钱，我也不能嫌少，但我还是觉得心好凉好凉"。

娘家对小家的"分得清"另一方面体现为抚幼方面的缺席，"看孩子这个事儿吧，因为我那时候要出差，我跟他们说了，人家（指娘家）不表态，因为人家不会给你看，他们觉得是外孙子。那时候我小姑子怀孕了，我妈就说那人家生孩子，你老婆婆老公公该去就去呀，当初你老婆婆怎么看你，现在不能不让人家看啊，就是冠冕堂皇的，那你自己就找保姆嘛，就这一句话，我当时心特别特别的凉。我把我的事情跟我老婆婆老公公说了，他们就说我们俩肯定在这儿留一个，给你们俩看小儿，我们俩就分开，一家看一个，不能让人家看，人家看再对孩子不好了什么的。关键我老婆婆比我妈大五六岁呢，你就发现即使她怎么着你，她可能是婆婆①，但是她心里面想着你，她是从你的利益出发的。……我哥的那个孩子挺大的，都上幼儿园了，人家平常都不用看，是因为这一点"。

与婆家合谐的同时，小孙对娘家的分离也形成了："从结了婚就发现，对父母来说，自己被从群体分出来了，不要有啥需要了，过年给点钱就行了。他们现在有的时候要来看孩子，不用来，看啥？你们来了还得给你们做好吃的，看不了两个月就走啦，看啥孩子呢？他们不像我老婆婆老公公，就是挺实在的，就是干活儿来的。人家照顾俩孩子，还得照顾你、伺候你，然后吃个饭就走了，来干啥？"

对小孙来说，小家与娘家的疏离出现了因立场不同的两种解释：在父母看

---

① 这与小孙前面对婆媳十分和睦的表述形成了对比，考虑到访谈情境的影响，或许此处的陈说更接近实情，但值得注意的是，小孙是在讲述同娘家的疏离时提到这一点的，我们至少由此可见小孙对与娘家合而不能的负面感受及评价。

来，和嫁女小家的分天经地义、无可争辩；嫁女则因期待同男性（哥哥）一样的、同婚前一样的与父母的亲密往来而不得，遂生出两家关系的罅隙。（个案编号：SHJ180517）

三、小结

在小郭和小孙的讲述中，数次出现了"亲""好"与"人家"三个词汇，它们成为理解小家同娘家、婆家两家合分的关键线索："亲"意味先赋的血缘及生养的恩惠，是天然的应有之情和累积的日常互利之统一，因此小郭与缺乏这些的公婆"不亲"；"好"依赖真诚的相处与无私的付出，侧重实有之情的表达和维系，即小孙看到的公婆的"对你好"；"亲"与"好"都可能引发亲属结群的合和；"人家"则指代与之疏离的"他者"，流露出对对方既不满又无奈的哀怨情愫。

界限工作中，小家的小郭和小孙对待婆家，一个反复强调"不亲"，一个屡屡提到"真心实意"，是否血亲是小郭的小家同婆家疏离的原因，却成为小孙的小家与婆家合和的起点，可见小家和娘家、婆家两家联系的远近厚薄并不单纯取决于彼此纽带的先赋或后致，关键在于亲属结群时合和与疏离的互构，也就体现为娘家与婆家的相立互补。对小郭来说，与娘家的合在先、为重，血缘型塑的经验同亲属互助的期待相统一，足够满足育儿等的需要。此外，"十对婆媳九不和"的看法先验地成为她看待同婆家关系的定义，不论婆家如何"好心"，也是"不亲"。小孙则不然，与婆家的合由"人心换人心"的日久（包含"日常"和"长久"双重意味）所致，小家与婆家的互动在"执行"上的厚重弥补了"概念"上的疏远，正因为原本"不亲"，所以公婆人为的真心实意才愈显得珍贵难得，加之小孙的父母抱持嫁女是外人的观念，导致了娘家同小家之间的分崩，娘家的缺位反过来凸显出婆家的价值，婆家的悉心和小孙的感念相互推促，终于使小家与婆家变得亲近。

简言之，小家同娘家、婆家两家的疏离与合和常互为因果，同一方越近，距另一方就越远；反之亦然，但并不能简单地认为两者一定处于此消彼长的对立状态。

第二节　重立：被特别感谢的四姨

本部分将描述界限工作的另一种形态即重立，指对通行的家际往来规则的脱嵌与重塑，从而表现出超越惯常或非例行化的特征。

萌萌妈与萌萌爸都在西藏工作，夫妻俩的父母均在农村（同省不同县），两人在老家并没有自己的房产，而萌萌妈其他的娘家亲属则定居在省会城市。循着第三代的成长史，可以将萌萌妈建立小家支持网络的过程分为三个阶段。

第一，"靠自己"的抚养计划。担心高原地区的负面影响，萌萌妈生育前便回到了家乡，孩子在2016年下半年降生，这之后不久萌萌妈接受访谈时，将上一代的支持称为"重要的辅助"。"在带孩子的时候，婆家和娘家的帮助肯定是重要的，但是大多数时间还是要自己来带。……是必不可少的，最起码你不用去雇保姆。"同时，她的育儿策略中对娘家或婆家的选择并无倾向："我觉得我要求不高，你能给我做做饭啊，偶尔我困了累了的时候给我带带孩子，我觉得就很好。老人嘛，毕竟他们年纪大了，你也不能说要求太高"，"肯定有遇到困难的时候，就是双方父母都帮助，不可能说你只偏向于这个或者那个"。

将娘家、婆家两家同等看待的立场源于萌萌妈的自立性格，她对育儿时自己和他人的定位与期待很清晰："你要站到对方的角度去考虑这些问题，不能光从自己出发，一味自私。"

值得一提的是萌萌妈对于娘家、婆家两家同小家界限的理解，她表示

"你不可能生下来就把孩子给了老人，那是你自己生下的，又不是给老人生下的"，"任何人任何事情，都是要先顾其里，后顾其外，你肯定要把自己的小家操持好，然后才能顾别人家"。

第二，从婆家、娘家到四姨家。萌萌出生后被诊断患有血管瘤，需细致呵护并定期去医院检查，萌萌妈便索性辞掉西藏的工作，在家乡一心照顾孩子。起初，萌萌妈带着女儿住进婆家，与婆婆共同抚幼。彼时萌萌爸的大哥一家已搬出去单过，二哥一家虽然在城区购有住房，但是因为二嫂生了二孩又经营着网店，力有不逮，所以他们也住在萌萌妈的婆家。萌萌五个月大时，大嫂又产下二胎，婆婆遂暂住在大哥家照料母子俩。

萌萌妈坦言如今村落对儿媳居住的限制已经松动，"满月后就主要靠自己带孩子了，所以要求也不那么严，想回娘家比较自由"。但萌萌妈的娘家却不是她想回就能回的，她在娘家有一个哥哥，父母和哥嫂住在一起，老人平时帮儿子一家料理家务，萌萌妈的父母"一向重男轻女，偏心儿子，觉得女儿已经嫁出去了"，所以即使萌萌妈住在娘家时，父母也对女儿与外孙女很少关心和关注，譬如萌萌妈看到哥哥的长子"总打我孩子，我妈也不管"，甚至父母兄嫂都不乐意萌萌妈母女住在娘家，"嫌麻烦"。萌萌妈直言"我在这里就没有家"，这个"家"既是物理空间上的实体，也指对夫妻子家庭三角的认同。

所幸，娘家人弥补了萌萌妈母女俩生活的不如意。萌萌妈每个月带女儿去省会医院复查时，会提前几天来到家在附近且有空余房间的四姨家，萌萌妈的二姨也不时去探望她们。之后，面对婆婆暂时离开带来的与二哥一家同住的不自在以及娘家父母始终将她视作外人的排斥，萌萌妈决定带着孩子在四姨家长住下来，这样不仅方便女儿每月的医疗检查，也使萌萌妈感到轻松与开心："首先是我一个人带孩子有些吃力，四姨四姨夫还有二姨帮了我很多，而且在四姨这里很舒心。其实要是我有自己的家，即使累一点，我也可以坚持一个人带孩子的。"萌萌妈的四姨则表示，萌萌妈"一个人不容易，丈夫不在身边，她父母又偏心，不怎么管这母女俩。我们家都喜欢她和孩子，而且她很懂事的，什么活儿都帮忙干。我们家现在就我们夫妻俩（其独生女儿现在外地上大学），很愿意她们在"。

过年前，萌萌妈的丈夫回家探亲，先同妻儿一起住在四姨家，并给四姨和二姨带了药酒等礼物，但从来没有对萌萌妈母女表示过不满的四姨，却对萌萌爸有了意见，因他"住在别人家还每天睡懒觉，什么活儿都不干，要吃这要喝那的。……我们是对萌萌妈好"。"别人家"体现了娘家的女性本位特征。随后萌萌一家回到婆家过年，年后萌萌妈又带着孩子在娘家住了不到一个月，接着，萌萌妈做出了一个决定。

第三，托给四姨及以后。2018 年春季，萌萌妈打算借着给一岁半的孩子（已经病愈）断奶的时机，回到西藏筹措事业——经营餐馆，夫妻两人得以团聚。考虑到气候的不适宜、时间的不恰当（餐馆的营业时间主要在晚上）以及孩子年幼，萌萌妈将女儿托付给了四姨一家照料，她计划自 2019 年春季起，孩子开始在四姨家附近上幼儿园，待该入小学时，再将萌萌送到私立学校或她回到家乡辅导孩子学习（萌萌家已在家乡购买了一套学区房）。萌萌妈表示与孩子的分离虽然艰难，但是恰是源自对她的爱，"我会尽自己最大的努力，给她最好的生活吧"。

之所以选择由四姨家抚幼，无疑是萌萌妈权衡各方利弊后的理性选择，对此可从三个方面来理解。

其一，为什么不是婆家？

"他家孩子比较多，一家两个，就我家一个，一共五个，全在他奶奶家，都像一个小幼儿园了，所以他家特别乱，你能想象得到那是一个怎样嘈杂的环境。我婆婆平常基本上不是很管孩子。"除了婆家人多的原因外，萌萌妈更不满于婆家对萌萌的冷漠，她详细叙述了萌萌患病却不为婆家关心的遭遇。萌萌患病后采取了保守治疗，"基本上月月要治疗，天天要吃药，而且吃药的前二十分钟和后二十分钟，她不能睡觉，因为它对心脏不好，怕她吃药后心跳过慢，会睡过去"，婆家对此的不在意伤了萌萌妈的心。"那会儿回我婆婆家，说是睡着了不能打搅，你要让她睡够了，然后再吃药，这样她吃了就不会再睡了，问题是这个药吃了她还瞌睡。回了我婆婆家，叽叽喳喳闹的，吵得不行，根本就弄不了，后面我就走了。可是你想，这也是亲人啊，你孩子有病又不是我一方面造成的，对不对？你家里有这样的情况，你们也应该互相理解，该安静安静，但是你们从来就没理解过我，从来就没有考虑过我的孩子，还是该怎么闹就怎么闹，该怎么吵就怎么吵，肯定我也心寒。……在那头心累，可以说他们什么都不管，我说他们，他们还觉得我事儿多，就没有任何人帮你的那种感觉。"

在萌萌妈看来，婆家之所以这样，其一在于重男轻女，其二则是因为她们"孤儿寡母"的处境："别人都是两口子都在，他们觉得他也不在，我也比较好说话，好欺负。但是一般人是不是应该这样想，你儿子不在，就媳妇一个人带个孩子，孩子又有病，你们是不是应该多帮衬一点儿，是不是？是这样吧，但是他们家不是这样的，他们反而是帮剩下的两个，不会帮我，一下都不会。"

实际上，萌萌奶奶家对抚幼的贡献远多于姥姥家，但萌萌妈却不这样认为，对母亲的感念和体恤使她并不在意娘家的付出与否；相反，或许是环境的吵闹，或许是帮助的不周，或许还有其他原因，公婆被认为"一下都不会"去做到萌萌妈认为的"应该"，引发了她的埋怨。

萌萌妈常用"他们"来指代婆家，暗示出她对后者在情感上的不满和排斥："我生了孩子，我婆婆公公基本上没有管过，基本上他们家没有付出过一点点。"婆家的"不管"不仅体现在服务上，经济上亦然："现在这个社会普遍就是男的挣钱，女的也挣钱，要不就婆家帮衬一下①，但我就只能靠自己

---

① 值得留意的是，萌萌妈只强调了婆家"帮衬"的义务，似乎她的独立部分是被婆家倒逼所致。

啊"。"靠自己"即经济独立，不仅是社会的普遍现象，对萌萌妈来说，其意义更在于尊严、主体性和自决权的拥有。"我公公婆婆是村里的，你想村里的人是怎么看钱的，他就觉得，哎，你花我儿子的钱，你还一天趾高气昂的，好像你怎么样，所以女人一定要做到经济独立，一定要做到。"

听了公婆的这么多不是，萌萌妈对婆家的评价是否全面与客观呢？据萌萌姥姥说，亲家有一笔钱，每月一千余元的收益全部资助了小家。显然，萌萌妈不可能不知晓此事，但或许是对自我付出的强调甚过其他，或许是对公公婆婆的不满歪曲了部分事实，萌萌妈受访时并未提及此事。

其二，为什么不是娘家？

既然抱怨婆家，那为什么萌萌妈育儿时不寻求娘家的帮助呢？对此，萌萌妈和她的四姨给出了略不相同的解释。四姨说，首先萌萌妈哥哥的大儿子还在上幼儿园，父母"以自己的孙子为主"，而且他家的二儿子出生后，奶奶因"太累"并未照看，倘若娘家妈不抚育二孙子却照顾外孙女，便"怕儿媳有意见——不看孙子看外孙，不敢看"。一方面娘家重视大孙子，另一方面抚幼时外孙女与二孙子又具有同等的地位，这可视作对女儿与娘家联系增多但可能并非不受性别因素掣肘以及人口转型期家庭育儿资源紧缺这两方面事实的反映。

同样的现象可能得到迥然相异的解释。按萌萌妈所述，小家抚幼缺乏娘家帮助的原因并非四姨口中母亲的"不敢"，而是自己不愿意。"两个孩子差两个月。我妈确实是看不了，因为我哥家还有孩子。你说她给我看，人家是小子，她给不给他看？我何必要把自己的母亲置于那种为难的境地呢？……我就没有让我妈看我萌萌一下。所以这样不给我看，也不给他看，是天经地义的。我妈年纪大了，六十的人了，该歇一歇，做儿女的一辈子永远都亏欠父母。把我养大就不容易了，父母看了你了，不一定再去给你看孩子。"

笔者："所以就没有考虑过让自己的妈妈带孩子？"

萌萌妈："因为她没有办法去看。特别为难，她老了，气出个好歹来谁负责？我到了西藏，我孩子病了、痛了，全是我妈一个人在照顾，你觉得她能照顾得过来吗？我哥生下老二的时候，就一直让我妈看，我妈说的是谁的都不管，因为她一个人不可能去看两个孩子，这是不现实的事情。……我就没有想过让她带，我妈年纪也大了，她已经累了一辈子，苦了一辈子了。她里里外外收拾家，星期天孙子还回来，我不可能再把孩子给她。可以说是我妈为了我把这个家撑到现在，我都是一路看过来的。"

笔者："所以就算没有四姨，也不会让母亲带孩子吗？"

萌萌妈："那不会，最起码我跟我妈一起带可以，但是大部分还是我带，她给我做点吃的喝的就可以。反正不可能单独托给我妈，因为毕竟我还有个哥哥，还有嫂子，就算哥哥同意，嫂子也不会同意的，这会把自己父母气死的，但是她又不能不给你带，她只能憋在自己心里，我何必让她走那一步呢？"在萌萌妈看来，隔代抚幼超出了代际交换的范畴，母亲并没有义务去照料外孙女，而且兄妹、姑嫂与男女等角色的对立状态使得家庭政治的平衡十分微妙与复杂。

其三，为什么是娘家四姨？

萌萌妈表示："我为什么最后选择四姨这里。一是四姨跟萌萌也亲，萌萌跟四姨也亲。再一个刚好四姨没事干，然后四姨夫和我妹妹也经常在家，就可以说三个大人带一个孩子，我也比较放心。……总得有人看孩子。""总得"两个字，道出了小家庭面对社会福利缺失所承受的焦虑和压力，以及亲属互助作为非正式制度保障的重要。

同样是非直系亲属，除萌萌妈的四姨外，萌萌爸的五婶也提出可以酬照料孩子，萌萌妈对后者的拒绝部分源自娘家人之间的亲近与信任，她表示"放在四姨这里，我很放心，一点儿后顾之忧都没有"。同时，四姨家抚幼的另一点优势在于："四姨四姨夫的思想新一点，因为年龄放在那里，他们和我妈差了十几岁，而且我妹也在，教育观念肯定不一样。"

对四姨一家的付出，"亲密关系的购买"（泽利泽，2009）成为萌萌妈的小家密切同四姨家联系的关键策略。萌萌妈曾向四姨说，或者她每月打给四姨2000元的酬劳，或者赠给四姨夫一辆车，虽然四姨都拒绝了，但是萌萌妈说，"就算是父母，我也会给报酬，亲兄弟还明算账呢，该有的我肯定会有"。此外，在岁时节令和平素，萌萌妈也不会"亏待"四姨，譬如，四姨的孩子考研成功后，萌萌妈发给妹妹500元的微信红包（其他的堂表亲则无人如是）；中秋节前夕，萌萌妈为四姨一家网购了10只螃蟹……联系上文可知，萌萌妈对经济独立的重视也有助于使小家同娘家间的界限可见和明晰。

那么萌萌妈的母亲即四姨的姐姐，又是如何看待妹妹一家给予自己外孙女的养育支持呢？调查时是周一，萌萌妈刚与母亲一起将幼儿送到四姨家，萌萌妈第二天便要回西藏，她母亲则计划在四姨家待到周五，"看她几天"，周末再回家照料大孙子（大孙子就读于私立小学，周一至周五住在学校，周六周日才回家）。萌萌妈的母亲说萌萌妈四姨："几天不见她还想孩子呢，所以让她看呗。"正巧知情人在一旁听到了这话，她后来表示，"好像人家（指萌萌妈的四姨）愿意看似的，又不是自己的孩子，谁不累啊。再说了，想（孩子）是想，话能那样说吗？人家又不是应该给你看"。萌萌妈母亲的表述或许让人难以接受，但这可能是她的真实想法，也可能是其合理化现实的谋略。（个案编号：RHL170625，RHL180115）

调查发现，如同萌萌妈的经历一般，娘家人与小家合作育儿的案例并不罕见，不过很多都并不如萌萌妈的四姨那样长期与全面。

彩云坐月子时，由月嫂照顾母子俩，满月后因"太贵"而辞退了月嫂，选择与娘家共同抚幼。彩云产后曾患乳腺炎，后来又面瘫，她的儿子也体弱多病，照顾他们的娘家母亲自觉力有不逮，便叫来两家相距不远的彩云二姑帮忙。二姑退休在家，生活经验丰富。在幼儿满月至一岁时，每周的周一至周四，二姑都会来到彩云家，和嫂子一起照料彩云母子。孩子一岁后的抚幼劳作轻松了些，二姑也另找了份工作，遂改为在每周休息的周二和周五上午去彩云家协助育儿。二姑对此表示："娃娃身体也弱，她婆婆有事做，我嫂子一个人又照顾不了……孩子一积食就不舒服，彩云面瘫就有两个多月，都需要帮忙"，"有时候也不想去，那不管怎么办，也无奈。比如乳腺炎，不给她推拿能行吗？雇人又太贵。没办法啊，那是自己亲亲的侄女"。

彩云作为"亲亲的侄女"，使潜在亲属矩阵（下文详述）中的二姑对抚幼的参与显得合理与应当，但我们并不应忽视娘家母亲的力不从心和彩云母子的紧迫需求所导致的有空闲、有能力的二姑的"没办法"。至于彩云，亦没有对二姑的付出觉得理所当然，在平常和节日，她都会送给二姑食物与衣服等作为酬谢。

同萌萌妈和彩云一样在娘家与婆家之间倾向娘家潜在亲属的小家女主人，还有文怡。

文怡的孩子已经上了幼儿园，周一至周五放学后，先由文怡公婆或她的姑姑接走幼儿，待文怡下班后再带孩子回家。文怡的父母已离婚，小夫妻俩都忙于工作，她的婆婆则"照顾得不周到，孩子老生病"，所以在育儿时，文怡更多地依赖娘家人即姑姑的帮助。

扩展家庭网络的亲属能够向无法充分照顾孩子的父母提供支持，作为潜在亲属矩阵（latent kin matrix）（Mabry and Bengtson，2004）的成员，娘家与婆家的众多亲戚平素大多处于"休眠"状态，当小家有所需时，他们便有可能被"动员"、被"激活"。一方面，亲属之间互助的义务为潜在亲属矩阵的"出面"提供了道义上的合理性；另一方面，家庭核心化所带来的家际联系的松散性和工具性提醒我们，不应过高估计或乐观预期潜在亲属矩阵的功能，如何把亲戚们从隐伏变为实在，正是对界限工作的反映。当引入性别视角后，如上述案例所示，潜在亲属矩阵偏向娘家的趋势尤其明显。

这一亲属结群的女系化现象，与人口结构和家庭生活的状况有关。原本是父系亲属的姑妈和母系亲属的姨母都作为小家庭中女方的亲戚，被划入了娘家范畴，姑妈与姨母作为女性的娘家人，可能只是小家不甚重要的亲戚，但在夫妻血亲即娘家、婆家两家不如意的情形中，小家特别是年轻女性会通过对情感能量和互助义务的有意识运作，去向合意的亲属求助。她们对亲属关系的主动确认、灵活选择与积极维系，也显示出娘家联结的动态性与选择性，并且体现了作为独女的已婚者在家庭中权、责、利的一致和统合，即承担家务特别是育儿的大部分事宜（责）的女性，能够依照自己所愿来选择（权）并获得娘家人的支持（利）。故有受访者表示"家里的事还是女人说了算的多"，这与后文"制造平衡"内容中将提到的男性伴侣视娘家与小家亲近的做法为"省心"的评价相互联系，甚至使娘家与小家的联系"无可争议"。此外，萌萌妈的案例也表明，二孩政策的落地向有限的家庭照料资源提出了挑战，重新定义家际互动有可能动员新的亲属介入以分担核心家庭在福利方面的压力。

回到萌萌妈的案例上来，维系一个小家的萌萌妈的做法超越了通常的经验，无论她最初尽量脱离祖辈网络、独自照看孩子的设想，还是后来重新嵌入娘家群落、求助四姨家育儿的决定，都是对自己作为母亲、女儿、儿媳、外甥女等多重身份的体察和发挥，也是对亲属矩阵之利弊的策略性适应和改造，亦反映出流动的频繁与职场的竞争同理想的、密集的（intensive）母职期待的紧张或不兼容。总之，这是萌萌妈在小家育儿安排中重立家际界限的过程。萌萌妈说四姨家的恩情"我这辈子都忘不了"，她意识到"帮你是情，不帮你也是应该的"，小家与四姨家界限的重立（"帮"）是以分（"应该的"）为前提的合（"情"）。萌萌妈的实践表明，在小家与娘家或婆家之间，亲属联结并非一成不变的规范观念和行为模式，而是需要操弄、经营、变通的动态构造。萌萌妈的小家先从既有的家庭互助惯例中脱嵌，之后根据现实条件来再组织新的互动模式，显示出家庭策略的能动性，以及亲属聚合的权宜性是需要维系的。

第三节　混乱："没办法"和"就应该"

如同社会结构包含功能协调与冲突失衡的两面，家庭生活亦然，小家同娘家或婆家在往来时也会出现亲子和夫妻、经济和情感等范畴的交错扰乱，这部分将围绕小家与娘家、小家与婆家两种形式的界限混乱来展开叙述。

一、四则案例

在前文"代际权力"章节中，我们已经接触到了婉彤的故事。2016 年初，婉彤在生育女儿前便辞掉了工作。夫妻俩婚后并未购买新居，最初一家三口分别在婆家和娘家轮流居住各半个月（两家同省不同市，开车往返需两小时左右），不久丈夫就与岳父母出现矛盾而不愿相见。为了化解这样的尴尬，也让女儿不再辛劳，而他们还可以方便地照料外孙女，娘家父母遂在幼儿一周岁时搬到了新购的另一处住宅，以腾出住房给小家。此后，周一至周五婉彤一家就住在娘家提供的新居，已退休的母亲会在女婿上班离家的这段时间过来帮婉彤照料孩子，周五晚小家三人回到婆家，周日晚再返回新居，其间，婉彤的丈夫每周三晚还会单独回母亲家住。

出自对女儿和外孙女的疼爱，婉彤父母介入小家甚多，他们不满于女婿对小家庭日常的不管不问、对女儿付出的置若罔闻和他的颐指气使，多次和女婿沟通甚至争吵。娘家父母认为一切都是"为她（指婉彤）考虑，为她好"，而且他们承认"这也没办法，靠她自己就难以养活母子俩"，"习惯了从小就管着她"。婉彤则表示面对娘家对小家的干预，"我老公肯定就不高兴……但这是无可避免的现象，就只能看我去怎么平衡这之间的关系"。

娘家父母反感女婿，不愿婉彤百依百顺于这样的丈夫，但在婉彤看来，这是自己在新的人生阶段对新的身份的实践，因父母"习惯了二十多年都是手把手、大包大揽，我现在有反抗的情绪在的话，就会有冲突"，她表示自己并非毫无主见，每每做决策时"倾向于我自己，我觉得谁对就听谁的"。（个案编号：ZWT170901，ZWT180113，ZWT181005）

操持小家时，婉彤一方面承认"父母能帮很多"，另一方面又以为帮是应该的，这种既不自私（承认父母帮忙的客观事实）而又自利（将父母的帮忙看作理所应当）的态度，或许正是她的理性的独特表达，婉彤以此获得了维系亲密关系和减轻生活压力的双重效益。小家同娘家的依赖性强而对抗性亦强，就此，娘家父母反思"管得越多事越多"，当初预想"等她能立起这个家就不管了"，其中"立"指"自己管得了自己的家，能承担起责任"，但吊诡在于，从婉彤娘家的角度来看，家际的合以分为目的，却带来了乱的结果。这虽是未期后果，但并非全无规律可循，家庭结合（family fusion）①就是混乱出现的缘由之一。

家庭结合始自子女同父母之间过度强烈的情感纽带，以至于个体对独立的寻求却被看作对家庭团结的不忠和破坏（Day，2010）。家庭结合无视个体生命历程与家庭生命周期的演进，用过去的互动模式来奠定当下的互动基调，若违背预期就会诱发冲突②。在传统社会，家庭结合的表现是以父子关系为核心的一体化，父系权威生发出"只要父亲在世，儿子便几乎不能自作主张"的原则（许烺光，2001）。婉彤曾是长辈眼中的"乖乖女"，二十多年的亲子捆

---

① 家庭结合指成员过度卷入其父母家庭的情感世界中，这种融合在创造出群体团结的同时，也会渗入个体心理，常伴随有紧张、焦虑甚至敌意的情绪。高度融合的家庭排斥分化。

② 古尔德（2017）指出："当前的互动要么符合预期因而使之强化，要么违背预期，如果这种背离不加控制还会改变预期。在现有关系中，当一方的行动违背预期模式，冲突就会产生，但原因并不只是这样的背离影响到他们自身的权利。它们令人烦恼同样是因为人们有期待在先，也就是说当前行动是未来行动的指南。"

绑并未因一纸婚约而自然或自动地实现转变，反倒因家庭结合的积淀而使亲子关系"闯"入夫妻关系甚多，导致了小家同娘家生活的争执不断。两家往来的过程中，如何在实现经济和服务依赖的同时，保持情感及权力的独立，婉彤的小家与娘家就此显然经历了并不成功的探索。

婉彤之娘家和小家的界限混乱离不开娘家的强势，秦奶奶与柴奶奶所在的婆家同小家的矛盾则受困于小家特别是儿媳的索取。

秦奶奶养育了两个儿子和一个女儿，目前常住在市区的小儿子家中照看已经三岁的孙子，遇到职业是护士的儿媳休假数天时，秦奶奶便返回在郊区的家，去照顾身体不太好的丈夫。秦奶奶家和儿子小家的经济都不宽裕，现在小家的住房由秦奶奶夫妇付清首付，小两口共同还贷。在小家，每日饭食的购买多由儿子儿媳负责，秦奶奶则以做饭为主，但也需不时补贴小家生计，包括平素每月一二百元的投入，以及为儿子还债等特殊事项。她看孩子，还要帮忙养家，而子辈并不给秦奶奶任何现金或实物的交换或者说酬谢。

同居共爨与经济卷入的背后，是婆家同小家时常显露的关系不睦，紧张甚至冲突主要出现在婆媳之间。无论冬夏，有时中午不到一点，就会看到秦奶奶独自在小区的小花园里坐着，一直等到下午六点幼儿园放学时，老人才接上小孙子回家，如此的原因只有一个：秦奶奶的儿媳在家。即使两人毫无交流，秦奶奶也不愿和儿媳共处一室，而坚持在外面待一下午。

看老人过得不顺心，便有人劝秦奶奶不如回去照顾老伴，小孙子由亲家来照看，秦奶奶对此颇不认同，因为这是"我家的房子"。秦奶奶的儿媳也愿意自己父母住过来照顾孩子，但前提是要公婆支付工资，"因为你看你的孙子是应该的，但是姥姥姥爷看，挣钱就应该"。提及"钱"，小家对婆家的经济索取显得频繁而无度。例如，儿媳要求婆家向娘家支付工资以育儿的提议没有被答应，除婆家顾虑的经济原因外，秦奶奶儿子对此还有另外的思量："他怕他们（指岳父母）把他儿子带坏，不愿意他妈走。"那么对于婆媳间的难堪，儿子是否知晓呢？秦奶奶说知道，但夫妻俩关系好，且儿子"不敢说她"。在社区知情人看来，秦奶奶的困境"还不是都怪他儿子？不向着他妈，他不说他妈多委屈啊"。秦奶奶的儿子处在跨代同住家庭的"中间人"位置（肖索未、关聪，2018），不怎么"称职"的中间人会恶化家庭冲突，但中间人也许并不是制造或解决矛盾的决定性力量。换言之，家际间的界限之乱有着更为基础与深层的原因，如下文所述，家庭观念的作用值得关注。

婆媳的"无情"也带来两亲家的难堪。有一次约定好秦奶奶下午方来小家，正巧有顺路的车，她上午便抵达了，但恰好撞上郊区来的亲家在，秦奶奶放置好自己的物品即离去，因觉得"和他们在一起别扭"。秦奶奶遂在外面独自转悠，直等到傍晚亲家走后才回去，而儿媳和娘家对此并不在意。还有一次，同小区的老友拿给秦奶奶一些自己种的新鲜蔬菜，秦奶奶坚持不要，也是因为"他们（指亲家）在，不想给他们"。

秦奶奶作为婆家虽然大多数时间都与子代的小家三口住在一起，家计方面也多资助，然而合的表面却掩饰不住分的冲动，一旦有回自己家的机会，老人"就一下也不想来"，但更多时候她"没办法"，因为"是自己的孙子，必须管"，"怕儿子、怕孙子受委屈"。小家同婆家日后的分离亦为老人所预见，秦奶奶坦言养老"指望不上他们"，所以她会"考虑自己的后路"，将老伴的一部分退休工资"攒起来，留着养老"。年轻的夫妻和秦奶奶老两口共同维持的不平等的取予关系，导致了小家同婆家界限的混乱。（个案编号：QXJ180808）

与秦奶奶相似，柴奶奶面对小家的儿媳同样满是委屈。

柴奶奶中年丧夫，独自养育大一双儿女，儿子和儿媳是同村人，在市区和郊区各有一套房产（2018 年两套房屋的市值分别为 100 万元和 40 万元），因孩子在市区家附近的学校上学，于是除节假日外，柴奶奶便会来到市区的小家，负责儿子一家的日常照料。小家夫妻的关系并不好，已经到了崩溃边缘，所以面对婆媳冲突，"儿子向着谁也没用，人家（指妻子）又不听他的，不理他"。

柴奶奶在婆媳的相处中饱受冷漠与委屈。例如，有一次柴奶奶、儿媳和孙女在一起，孙女说学校食堂周五下午的盒饭不错，儿媳便说"那你下次买两盒回来，咱们一人一盒"，而未考虑一旁的老人；再如，因夫妻"不准备过了"，儿媳便在争取两套住房中位居市区的那一套，并要将郊区房屋的新家具与先前购置的市区房屋的旧家具调换，某天儿媳告诉柴奶奶要搬家具了，柴奶奶当日没有抵达小家，第二天来到后发现旧家具已经搬走了，而老人原本放在柜子里的衣物被随意地摊放着。

受访那天，柴奶奶讲起当日上午，同小区的朋友给了她一小把自己家栽种的葡萄，柴奶奶觉得挺好吃，就一口一个地吃了起来，"唉，我也没注意，本来就不多，我都吃了，也没给他们留"，说话间，老人显得很不好意思。但反之，儿媳妇每次买回水果，都会洗好后放在自己以及女儿的卧室，并特意告诉柴奶奶，等过几天孙女不吃了，奶奶才可以吃，柴奶奶就此表示"我也不爱吃水果，无所谓"。如下文所述，在两代人组成的家庭网络中，指导彼此互动的法则扮演了关键角色。（个案编号：CYW180812）

同是直系组家庭[①]（王跃生，2010），秦奶奶和柴奶奶作为婆家与小家的界限混乱均发生在同一空间，赵奶奶老两口则在两家的分居中经历着困扰。

赵奶奶的儿子儿媳都是独生子女，结婚时婆家为小两口购置了新居，虽多龃龉，但一大家人一直住在赵奶奶的旧家中，新房则闲置了近七载，直到2018年孙子上小学前不久，儿媳在与赵奶奶的一次争执后搬到新家，至今未与公婆见面。事情的原委如下：儿媳有时把用过的个人物品随意丢弃，赵奶奶旁敲侧击地提醒也无济于事，某日儿媳正准备出门上班，被赵奶奶叫住了，赵

---

① 直系组家庭将具有责任和义务且分爨别居的直系等近亲成员纳入一个范围明确的"家"的范畴中。

奶奶让儿媳顺路把她自己的垃圾扔掉，儿媳不悦也不肯倒，赵奶奶的语气便硬了起来："你真过分了，我家要上你干啥啊，啥你也不管。"儿媳一声不吭地黑着脸走了，过一会儿，赵奶奶的儿子打电话给母亲抱怨："上班就是一分钟都耽误不得！你让她倒垃圾，她就迟到了。"自此，儿媳不再回来，儿子和孙子则于每晚在赵奶奶处吃完饭后回到小家。

虽然看起来婆家和小家已经分开，但是小孙子的上学又将两家联系在了一起。由于儿子儿媳坚持不做饭，在儿子的主张下（原因之一是觉得外面的快餐不卫生），每天早上他开车载着孩子来爷爷奶奶家吃早饭，心急的老人提前一个半小时甚至更早就开始忙活了，而有时候父子俩起晚，赶不及吃饭，儿子就直接把孩子放下，由爷爷奶奶将孙子送到学校。因为小学附近易堵车，所以不论吃不吃早餐，孙子都要交给住址距离学校更近的爷爷奶奶，孩子爸爸则直接去上班。这其间，老人还要及时为孙子换上干净的衣袜。中午和下午放学时，爷爷奶奶先将孙子接回自己家，待晚上儿子回来后，再带着孩子和为儿媳打包好的饭菜回到新家。

某天早上，儿子一边进赵奶奶家门一边训斥孙子，因为昨天的作业——背课文还没有完成，但这并不能完全怪罪于孩子，一是赵奶奶老两口在昨天放学接回孙子后，并未听他说起，便没有督促孩子，二是作业虽然会通过微信家长群告知家长，但是两位老人并不会操作智能手机，加入群的儿子也没有及时与父母沟通，才导致昨晚近十点，儿子接孙子回到小家后，方开始背诵课文，但他还没背会便昏昏欲睡了。

有几次，孙子当面叫赵奶奶"老太婆"，赵奶奶对此既生气又难过，指出"还不是他妈说，他才学会的"。小家与婆家的不和也影响了祖孙间的关系。与此相关，调查中一个普遍发现是，即便祖辈对第三代投入再多，也无法与年轻父母同孩子之间的纽带特别是母子关系相抗衡，这一现象对界限合和的两家庭自然不成问题，但却增添了那些付出多而回报少的老辈人的无可奈何。比如某晚赵奶奶的儿子出差在外，本计划孙子在老人家过夜，但他哭闹不停，最终爷爷只好打车把他送到了儿媳处；再如，前述的柴奶奶也说，已经上高中的孙女也觉得奶奶为小家的付出以及妈妈对待奶奶的态度，都是应当的。

听到赵奶奶的故事时，"折腾"是笔者的第一反应，为什么小家不选择更省事的做法——把孩子放在赵奶奶家呢？儿子一句"这是我儿子，我要管我儿子"解释了根由。另外，为什么婆家不选择更省心的做法——让小家庭彻底独立出去过日子呢？只因为老人"舍不得孙子"。（个案编号：ZBM180908）

在育儿事宜中，赵奶奶和秦奶奶的儿子都强调第三代是"我"（父辈）的孩子，而他们的妻子则坚称第三代是"你"（祖辈）的孙子，小家同婆家形成界限不清的育儿组合，却没有对老人给予的支持表示出应用的尊重、认可与回馈，对这一矛盾的发生，可以通过拟委托—代理的关系加以理解。父代将抚幼的责任部分让渡给祖代，但作为委托人的父代仍然占有权力和权威，此时，祖代不过是代理人，他们照料孙代被视为受父代之托的自然而然、无可推卸的义务。换言之，围绕育儿组合内部的角色扮演和资源配置，"我儿子"是对年轻父母权利的确认，"你孙子"是对老迈祖代义务的声张，抚育的亲职就通过这样的（动因）错位与（结果）重叠，生产出小家同婆家之间混乱的界限。

虽已时隔二十载，我们却仍然在界限混乱的案例中看到了传统婆婆的痕印，不同之处在于，婆媳两代妇女的冲突不再围绕"由男性占统治地位的家族体制所默认和被普遍化的"对养老资源的竞争和控制而展开（笑东，2002），如今以抚幼为集中体现的"一头沉"的取予关系同样加深了婆家特别是婆婆的失落。为什么会有不再对婆婆低眉顺眼的非传统儿媳和为子代无私奉献却又对子代忍气吞声的非传统婆婆？显然，受社会与经济变迁的影响，独子化家庭增多使子女从"生产品"向"消费品"的转变、城市养老保险制度的覆盖、单个家庭特别是面临工作压力的年轻夫妇所无法自足的福利负担、家本位文化的濡化和两代家庭间财富累积的差距等，都是导致这一现象的关键因素。

此外，社会性别的差异化效应也影响了非传统儿媳与非传统婆婆的出现。实证研究发现，儿子会使母亲的性别意识形态更为传统（孙晓冬、赖凯声，2016），性别观念传统的表现之一即是以对子嗣的无限投入为不可推卸的承诺，也就是受访婆婆们所说的"没办法"。年轻女性家庭地位的提升往往使娘家能以强势身份主动进入小家生活，然而婆家对小家生活的帮扶则因"就应该"的义务而显得弱势。一方面，市场和国家打碎了家庭生活中清晰的等级序列，父权制的压迫和安顿功能都失去了合法性；另一方面，市场和国家又在榨取家庭的再生产能力，残存的父系观念成为"活在当下的传统"，两方的合力遂使家庭的委屈继续着。这也提示我们，在娘家、婆家两家同小家的界限工作中，性别化了的娘家和婆家的处境可能迥然不同，这与女性主内的性别规范有关，但并不应据此固化"恶媳妇"的刻板印象，事实上，家庭主义的文化、再家庭化的态势、子女性别的影响等，都在发挥着作用。

二、小结

界限混乱指娘家、婆家两家同小家往来的关系出现失衡，从而导致家庭成员互不接纳、家庭生活也多有不快或纷扰的现象，上述四则案例是调查中体现界限之乱的比较极端者，受访的人莫不愁绪万千，讲着讲着便落下了眼泪。界限混乱的表现包括：

（1）家庭认同的乱。从老辈的立场出发，家庭网络包括以直系血缘联结三代的"我们"和通过婚姻结识的儿媳或女婿及其父母即"他们"；子辈则相反，其亲属圈包括亲近的孩子和伴侣，以及老人。祖辈所念兹在兹的子嗣，甚至可能被后者视作能提供帮助、可随意支使的"影子"。认"同"的"我们"和认"异"的"他们"只有放到个人在关系网络中的位置与所关联的其他位置共同构成的语境里才能得到理解（Elias，1978），界限工作中，小家和娘家、婆家的家庭成员互相冲突的家庭认同成为界限混乱的前提。

（2）往来内容的乱。虽然可能共居同炊，家庭经济亦难分彼此[1]，但小家与婆家或娘家合作时，"硬件"的"近"伴随着"软件"的"远"，老一辈人任劳任怨，却仍然"不讨好"，如此，物质需求的迫切与情感的疏离和伦理的失序构成界限混乱的表现。

有学者在乡村观察到，代际交换的工具理性化导致老辈要通过带孙子孙女来换取未来养老的资源，那么那些"指望不上"或者说不需要依赖子嗣的老人们又为何参与跨代育儿这桩明显"不划算"的"交易"呢？一方面，代际财富流从向上转为向下是人口转型的普遍伴生物；另一方面，"一头沉"的资源向下流和子女本位的伦理规范成为无偿征用老辈照顾劳动和经济投入的合理借口[2]（金一虹，2015），按调查所示，乡村如此，城市亦然，而且城市老年人的养老保险与财富积蓄更便利了他们对后代的无尽投入。

（3）互动法则的乱。小家同娘家、婆家两家进行界限工作时，"就应该"的规矩虽不合"公理"（公平交换的逻辑）但却合"私法"（家庭成员的认识）。血缘带来对合作的期待，演绎出老辈看待自我时隐忍牺牲的"我应该"与子辈对待他们时索取无度的"你应该"，"就应该"法则造就了无限捆绑的代际关系，使小家同娘家/婆家之间的界限在实物方面消弭，却在情感方面充满敌意，这成为界限混乱的实质。当小家的儿子儿媳认为对婆家来说"你孙子你不应该管吗"的时候，不仅体现了家庭认同（"你孙子"）与互动法则（"你应该管"）的相关，也彰显出家庭伦理的独特之处，即相比于看重现时现

---

① 郑丹丹（2004）将父辈和子辈两个核心家庭在财富流动方面不做清晰区分的情况称作家庭资产的"代际并表"，不同于传统社会分家之前子辈对父辈的经济依附，代际并表是家族主义文化经历现代化、个体化过程后与人口政策碰撞的产物。

② 代际流向向下倾斜的"一头沉"趋势是指，一边是父母对子女的无限责任，一边是子女对父母的有限义务，当下的代际关系似乎接近于"父必慈子不必孝"的接力模式了。

报的物质交换的公平逻辑，"应该"的认识和实践成为年青一代在事实上索取上一代人资源的合理借口，祖辈参与育儿具有人生使命召唤的强制性，子辈则以此将老辈不同程度地物化、异化，弥合了父母承担的亲职同所需照料资源之间的距离，而对象的价值恰源于主体与客体之间的分离（西美尔，2002）。笔者曾听到这样一种说法，嫁人好像特别理直气壮，我嫁给你儿子怎样怎样，但是入赘感觉就没有尊严似的，沿用嫁娶婚话语下的"嫁给你儿子"，如何能够赋予儿媳以面对婆家时的权力呢？无疑，小家地位的提高、夫妻关系的密切、长辈权威的衰落、女性经济的独立，都与此有关。

"应该"的逻辑使子代敬重父代的孝道伦理、权利匹配义务的交换机制与付出获得回报的互惠链条在小家和娘家、婆家两家的往来中失效，老人为子女所做的奉献被贬值，成为理所应当的不可见（invisible），从中亦依稀看到了年青一代声张权利而回避义务的现象（阎云翔，2009）。以往的研究发现祖代会让渡权力来维持家庭平和（沈奕斐，2010；张爱华，2015），但能够出让的权力所从何来？在形成拟委托—代理关系的家际契约中，这种让渡或许更多不是主动而是想象的，因为祖代并没有依据其辈分或投入而获取先赋或后致的权力，反倒在资源下行的、相互捆绑的家际互动中，从过去权威性孝道（叶光辉，2006）授予的"债权人"身份变为了今日"就应该"的"债务人"，即使存在明显不平衡的受益方与受损方，即使小家同婆家或娘家的交换看起来极其脆弱。作为非自愿关系，伦理会通过强有力的规范来确保实现承诺关系（committed relations）而非隐含欺诈风险的信任关系（罗家德，2007），受到伦理约束的祖辈便"没办法"地承担起支持小家的无限责任。

显然，娘家、婆家两家和小家的两代人对于彼此权利与义务之主张的歧异，是社会变迁在家庭生活中的投射。梁漱溟（2005）曾辨析中西"权利"之不同，认为舶自西方的概念侧重"由自己说出"，中国伦理社会则倾向"各人尽自己义务为先……（此时）彼此权利自在其中"。家际互动时祖辈重伦理而子辈讲权利的事实，暗示社会变迁的速率超过了继替的更新换代（费孝通，1998），造成历时态的观念共时态化，从而生发出失调了的互动法则，这种断裂正是"同时代人的非同时代性"之缩影（曼海姆，2002）。

第四节 总结与讨论

合和、疏离、重立、混乱的类型学分析，体现出小家同娘家等亲属之间开展界限工作的开放、灵活、变通，家际划界能够结成多样的网络，体现出家庭弹性（family resilience）的意义（沃希，2013）。这一现实有其结构性根源。亲属关系本就是依据一定需要而对血缘与姻缘这样的生物学关系进行加工的人为产物，如"五服""六亲""九族"等。换言之，界限工作是作为一种有限的选择的亲属关系的本质要求（朱炳祥，2009）。从亲近彼此到刻意疏远的不同动机、从紧密结盟到松散联邦的多种形态，反映出家庭互惠规范的不确定性，而恰是不固定的规范可以"应用于无数的既定事务，并提供灵活的道德支撑"（Gouldner，1960），以使个体能够因应现实的多变和满足需求的多重。

小家与娘家或婆家之间的界限工作不仅是可塑与可变的，还具有时间上的累积性。Simmel（2008）发现，社会联结无论产生于什么条件之下，都会使之产生一种独立于初始建立关系动机之外的自我保存以及维持运作的形式，即忠实这一使关系合法化的心理蓄积（psychological reservoir）。界限工作发生在家庭生命周期和个人生命历程中，并不是随心所欲的灵光一闪或不可变更的"一锤子"买卖，受访者陈述的"亲""好""没办法""就应该"等都体现出时间流中所积淀的忠实对于界限工作的型塑。

伴随国家与市场进入家庭的一系列现代化举措，家庭的神圣面向渐趋式微，传统伦理的共识也让位于自我和功利等更加现代的因子。当娘家的兴起打破了过去的婆家尊而娘家卑之格局，子女家同父母家的互动于是成为一个"定调的社会线索缺失或有漏洞的关系"（古尔德，2017），不同的生平情境和利益取向等孕育出对界限理解的异质性，歧异既出，界限工作也变得多样态，并且处于不断的生成中。本章基于这样的类型学和群体动力学，归纳出如下的规律性认识。

（1）小家同娘家等之间的界限包含多个相关但不同的维度，如空间、经济、服务、情感、象征等，它们彼此联系亦变动不居。一方面，两代人组建的家庭在往来时，可能走动密切且相交甚笃，可能共处一屋但势同水火，也可能仅存礼节而交流稀缺，两家人或许时久生情、分而不隔，或许嫌弃日增、密而不亲。界限的多重与模糊，导致了界限工作的灵活与流变。

另一方面，小家同娘家等的界限工作发生在不同的单元家庭之间，而娘家与婆家的角力是一个很有意义又未得深究的议题。虽然有"两亲家，不聚头"的说法，但也有受访者表示"我觉得两亲家少见面好，越见面得多，越是在一块儿，矛盾越多。时间越长，慢慢地矛盾就露出来了"。在"4-2-1"的家庭结构中，面对"人养"或"养人"的福利需求与情感纽带，亲家之间难免发生在场或不在场的来往，从而对亲属结群产生影响。

（2）小家同娘家等之间的界限工作相比于规定性或程式化的一面，更依赖日常情境中的实践。家际间的划界四形态某种程度上近似理想类型，现实生活中可见它们在不同时段的交替出现或在同一时空的组合混用，如有些小家在以独立性自足的同时能够与父辈家庭保持友好往来，即分中亦有合。概言之，界限工作是情境化的成就，划界形成于行动者、目的、手段、条件和规范等的相互影响①（帕森斯，2003），从而呈现出合作与冲突的参差错落。

　　界限工作是家庭成员依据主观需求和现实条件来建构亲属团体远近序列的动态过程，这表明亲属网络是反身性、个人化、流变着的建构，因此即使顺应血缘之"亲"的小郭，也看到了平日里"好"的必要："和姥姥姥爷走得近，所以就和姥姥姥爷亲"，"这都是互相的，你对我好，我也对你好，你对我不好，我肯定对你也不好"。前文曾介绍过布迪厄对场面上的与实践的亲属关系之区分，后者指在生活中维持一个特殊的实用关系网，理解两种亲属纽带时，与其突出它们被刻意强调的泾渭分明，不如着眼于两者的动态联系，即无论文本、常识及迷思传递出何种有关场面上的亲属关系的规范和期待，框构亲属互动的界限工作都需要在此基础上经过家庭成员自反性的选择、表达与经营，并在生活世界中不断地操演和实现②。

　　（3）小家同娘家等之间的界限工作多为女性主持，充满社会性别化了的机缘下的权宜性和变通性。女性作为维系亲属关系的实践者的重要性已为众多研究所证实（吉国秀，2007；金一虹，2015；李霞，2010；阎云翔，2016），加之女性家庭地位的提高、话语权和自决权的增大，所以在亲属结群时，小家往往在女性的决策下倾向于"亲"上加"好"的娘家。曾经，生发于传统的父权制家庭，从 Wolf 提出的"子宫家庭"到朱爱岚关注的"娘家"，莫不强调在内亲外戚相对的现实中，小家和娘家分离、割裂的非正式与不完全，尤其展示出了女性所具有的创造和智慧。③时过境迁，女性在"相亲相爱的夫妇加

---

　　①　如沈奕斐（2013）对"个体家庭"的定义就体现了这一点，"今天中国的家庭变迁……在于年青一代逐渐脱离了家庭主义，每个个体都站在自己的立场上界定家庭，在自己的利益上选择和决定家庭的结构和关系；在这一实践过程中，传统和社会变迁以交织的方式影响着家庭结构和内部关系；而个体的选择决定并非是自主决定的，它是在具体的语境下与相关家人的互动、协商、妥协中形成的。我把这样一种复杂的家庭结构和模式称之为个体家庭"。

　　②　将视线放宽，在城市化乃至全球化的影响下，婚姻移民会游走在家庭与地域、族群等范畴之间，从而表明了划界工作并非一家之私事（张亭婷、张翰璧，2008）。

　　③　值得注意的是，这些洞见体现了质疑男性本位研究的女性主义家庭观。

上强烈的父母—子女之间的亲情纽带"所组织的近代家庭（上野千鹤子，2004）中占据了重要的结构性位置，娘家也有机会告别先前边缘化的处境，活跃于已婚女性的小家生活，因此在家际界限的合、分、立、乱等模式中，均可见到娘家的明显存在与积极作用。概言之，历史脉络和生活情境的嬗变，为小家的女性在界限工作中施展其主体性提供了宽广的机会空间。与此相伴，在同娘家联系时，小家的妇女也能够将丈夫拉入其中，即"女儿们现在经常在给娘家帮助时，带上她们的丈夫……女儿与娘家之间纽带的增强，也使连襟之间的关系更为强固。市场改革之后，连襟们经常在他们妻子的家庭聚会上见面，但他们在改革前却很少见面"（张卫国，2010）。

然而，女性的优势并没有否定现实条件的制约。虽然与传统社会相反，现代社会"常常是媳妇决定要不要让婆婆进入她的社会网络中"（翁玲玲，2004），但是如此权力也会受到外部的束缚，策略的有效不会完全克服其有限性，过程的能动亦无法彻底消解其被动性，否则便不会出现界限混乱这一事实了。

事实上，女性操持家庭生活、演绎亲属关系的能动性并非现代都市家庭所独有，在仍然具有父系品质的农村家庭，即便其重视"以男性主导的亲属关系，但是维系和扩展亲属关系的实践者却是家中的女主人。……妇女对夫家的宗亲是不能选择的，但可以选择保持什么样的距离。而对姻亲往来，妇女则有更大的选择权"（金一虹，2015）。那么本章的发现又有什么独特之处？囿于调查范围，笔者拟谨慎地指出：都市年轻已婚女性的主体性和权力，会使界限工作呈现出更明显的利于女性、利于小家的特征，这将带给娘家、婆家两家以极其不同的体验。

（4）小家同娘家等之间的界限工作会受到家庭观念的影响，家庭成员会经由划界来实现或调整其家庭观念。家庭观念是对家庭生活的结构、关系与策略等的态度与认识，理解家庭观念时，需要关注它所具有的惯习般的历史生成性，以及实践感般的灵活和务实。根据调查结果，可以将关系到界限工作的家庭观念分为四类：情感型，强调生养恩惠的"亲"；交换型，关注有来有往的"好"；责任型，突出"我"的义务和意志；自利型，侧重身为"你"的对方的"应该"。不同的家庭观念塑造出家际关系的多种形态，反过来，实践的展开也会作用于见解的发生。家庭观念一方面受到各成员之需求与价值观的指引，另一方面也要考虑到每种行动方式所涉及的资源即现实条件的影响。

（5）小家同娘家等之间界限工作的展开以对家庭身份的自觉为基础，如有受访者表示，"以前就仅仅是一个做女儿的角色，爸爸妈妈说什么就是干什么，顶多有点小摩擦，跟父母协调一下就好了，但是现在你不一样了，你也是做母亲的一个角色"。同时，界限工作的和谐有赖于对家庭整体的意识和家庭互动的平衡，如有受访者表示，"肯定谁也愿意天天在自己家，可是你也得为对方想一想。两个人得互相商量着来，你不能那么自私"，"'两好搁一好'，婆婆好，儿媳妇也好，两个都好才能好，事儿多了，那肯定也好不起来啊"。

我们正处在一个既往的边界崩解而亟待重新定义的全球化时代（乌尔里希·贝克，2004），家庭亦然，不稳定与多样性成为家庭生活的关键特征，可渗透、可变通的界限工作一方面反映出人们对于家庭的理解正在从集体性目标转向个人性资源（Cohen and MacCartney，2004），另一方面也体现了个体通过积极努力和动态协商来适应社会期待、对付社会压力的能动以及策略。

不妨回顾一下第三章的发现，以明晰它与本章结论的关联。一方面，代际权力丛簇的多维度显示出父母和女儿两代人面对彼此时多元的考量因素及现实条件，这与娘家、婆家两家同小家之间界限工作的复杂与灵活具有显而易见的相关性，譬如，代际间的情感能量流通于"亲"与"不亲"的分（界）合（界）之间，交换关系则便利了立界的发生，而长辈身份却在乱界中从权利变为义务；另一方面，年轻女性在处理代际权力关系时表现出理性化特质，相应地，她们在进行小家同娘家等的界限工作时所展示的策略，恰恰说明了女性正在现实提供的选项（option）中，做出合宜与利己的选择（choice）。

最后以小郭的一段话来结束本部分内容，这番话中体现了上文曾提到的拟委托—代理关系（"给你看孩子"）、对婆家的"客气"（"还是亲家"）、对基于血缘的隔代照料所无法被替代的信任（"还是孙子，你交给他放心"），以及女性在界限工作中的能动性："两方都兼顾好就行。如果闹了矛盾，人家还要给你看孩子的呀。现在也可以雇人看，还是自己家看的放心。毕竟是爷爷奶奶，他再不好再不好，还是亲家，还是孙子，你交给他放心。白天他们看，晚上爸爸妈妈就都回来了。"

经过这一章相对漫长的讲述，我们了解了娘家同小家重构界限的形态与过程，同样使我们感兴趣的还有界限重构的前因和后果，它们各自构成了接下来两章分别探讨的主题。

第五章　消防员和运动员：娘家介入的时代差异及其制度嵌入性

古人弃弃妇，弃妇有归处。

今日妾辞君，辞君欲何去。

本家零落尽，恸哭来时路。

——顾况《弃妇词》节选

我真的没有什么自由。我结婚这么多年，他们只让我回去两次。一次是我祖父死的时候，一次是我公公生我先生的气，他把我先生、小孩和我赶出来。我先生后来去住旅馆，我和我孩子回去我娘家。我知道我爸爸妈妈很想我，他们只有我一个女儿。原来他们给我做媒的时候，我妈妈说不要嫁给住得太远的，没想到嫁得近还是看不到。有一次我爸爸等在街的转角，为的是能看到我骑机车经过，他知道我都走那一条路去上班。后来，他在电话里告诉我，我就哭了。我知道他们很想我……我以前都不知道当人家的媳妇会这么苦命。

当我知道林太太的父母离她现在住的地方只有15分钟的路程时，我问她，如果她在没有她公婆的允许下回娘家会怎么样，她说："做人家的儿媳妇你就不能想怎样就怎样，那样根本就不行。"

——熊秉纯

社会事实无往不在结构之中。于娘家研究而言，我们不仅意识到娘家的出现和兴起都是结构的造物，还需要阐明结构性条件通过什么样的机制，影响了娘家同小家的界限建构。本章将观察并分析娘家同小家产生界限的"大前提"，即家庭制度是如何框构小家和娘家互动的机会条件的。换言之，本章将聚焦娘家同女儿及其小家之间悲欢离合所发生的制度环境与动力机制。调查时，笔者选取了娘家同小家建构界限的一类特殊事件——娘家介入，娘家介入指娘家人对女性小家生活的干预，是理解娘家同小家相互如何走近、如何来往、如何影响的典型事件。为突出界限建构的背景即家庭制度的时代性，本章将对比成长于不同社会情境的年长和年轻女性的经验与诠释，以此来理解根植在家庭制度环境之嬗变中的娘家介入的事实与逻辑。依据与娘家来往密切这一标准，本章共访谈了 11 位已婚女性，包括 6 位年长者和 5 位年轻者，调查围绕娘家介入的缘起、动机、过程、结果和感受等以收集资料。虽然由于回忆和隐私等原因，有些细节难以捕捉，但是仍获得了有关娘家介入的生动信息。

第一节 从"灭火"到"折磨"：两代女性的娘家介入经历

由于娘家是女系继嗣群体插入婚姻群体的结果，因此娘家介入成为理解娘家同小家关系的一把锁钥。就实际而言，娘家是如何介入女性小家的呢？

一、"灭火"：年长女性的遭际

这部分将集中讲述年长代女性的娘家介入经历。

受访者葛阿姨的婚姻生活较为坎坷。婚后从夫居的葛阿姨曾两次发现丈夫有婚外情，第一次（1995 年）她并未告知娘家，而是在作为一家之主的公公的主持公道下，平息了风波。2010 年（公公已去世），丈夫又被觉察与她人有染，一向同儿媳不和的婆婆的意见是"离就离吧，我不管"。气愤、无奈和委屈之下，葛阿姨告诉了娘家的兄弟姐妹，他们十分生气，打电话警告过葛阿姨的丈夫，也计划去暴打他（后被葛阿姨劝阻）。那时葛阿姨常去妹妹家居住，娘家人表示一定要有圆满的处理结果，并支持葛阿姨离婚。在外界压力及内心触动等的作用下，葛阿姨的丈夫最终回归了家庭。

为什么在丈夫第一次出轨时，即结婚不久且孩子未成年时，葛阿姨不回娘家寻求帮助呢？

葛阿姨解释道："想回呀，可是回去惹得娘家生气，生婆家的气，不想让生气，而且回去也没地方住，那会儿我要是出来了，只能回娘家，大哥（一家三口）和弟弟妹妹（尚未结婚）又在，哪儿有我的地方？不可能去妈家住。如果租房子，还要上班，孩子怎么弄？你得带孩子。我肯定也能回去住，那是在没有办法的情况下。……也考虑将来，考虑孩子，能过下去，就凑合地过吧。"（个案编号：GMM180105）

类似葛阿姨，年轻时没有娘家资源可依靠的章阿姨回忆在 20 世纪 90 年代初刚上班时，"上夜班大家聚在一起聊天，说起离婚了怎么办，最后都说只能跳河算了，（假如离婚了）自己没地方去，心理上也过不去，还拖着孩子，那时候真不知道还能怎么过。"（个案编号：ZZX170115）

与葛阿姨和章阿姨不同，没有住房以及育儿之虞的武阿姨做出了另一种选择。

武阿姨婚后同样从夫而居，"不是一路人"的夫妻两人常有摩擦，武阿姨同丈夫发生冲突后就会回娘家，而"不用顾虑有没有住的地方什么的，（与配偶）闹了矛盾想回（娘家）就回去了"。娘家人不满亦不甘于她受委屈，武阿姨的两个弟弟还去打闹过她的丈夫与婆婆，夫妻俩后在女儿三岁时离了婚。

最初武阿姨带着孩子回娘家住时，两个弟弟尚单身，居住空间宽裕，即使两人之后结了婚，也因为其父亲"有办法，不管平房还是楼房，给他们都弄到了自己的房子"，所以武阿姨无须担心住房的拥挤或匮乏。至于孩子的抚养，武阿姨也不发愁，"和她姥姥、她舅舅一起把孩子带大了"，"在我妈家，孩子（让）她姥姥看，我上班，工资给了我妈养活，父母也有退休金"。（个案编号：WZX180128）

武阿姨的经验表明，娘家介入意味着娘家需要向嫁女提供物质与服务以作为长期而非短暂的支持，并且女儿应当具备一定的经济能力来平衡娘家收支或者说给予娘家反馈，正是这样的取予关系妨碍了金阿姨同娘家（介入）的联结。

金阿姨是家中长女，全家人曾因当时政策回到农村，后又返回城市，金阿姨却因超过了规定年龄而被独自留在村里，并结婚成家。金阿姨的丈夫是二婚，前妻亡故后留下一子，金阿姨同丈夫另育有一女。

金阿姨的丈夫素以懒而出名，"懒得断了骨头"，"家里什么都不管，甩手掌柜，回家坐那里就要吃，真的是衣来伸手饭来张口"，但因他是家中唯一的儿子，所以能够依靠父亲（其母早逝）和姐妹的接济生活，婚后亦然。丈夫的不负责任使全家的生计负重压于金阿姨一人，其中艰辛自不待言，而她的苦楚还与儿子有关。继子年少时不听话，初二便被学校开除，姑姑们总觉得侄子不会被继母善待，故倍加呵护，相反对金阿姨的亲生女儿并不怎么友好，但金阿姨总要担负起母亲、妻子和养/持家人（金阿姨在城郊的一家超市上班）的角色，即使难免顾此失彼。

子女未成年时，面对懒散的丈夫、叛逆的儿子、拮据的经济等不堪，金阿姨一年中会有一两次领着女儿去省城的娘家走亲戚，每次居住不过三五天，随即返回小家，但她从未向娘家人吐露太多生活的辛酸并寻求娘家介入。问及原因，金阿姨说："娘家也不是你的家，不回去咋呀？连生活费也没有，回娘家就没有收入了，（孩子）姥爷挣的那点钱，不可能给多余的钱。要是离了婚，还带上个孩子，坐在家里头怎么活啊。你在娘家吃吃喝喝，一天两天、三天五天、一月两月，哪儿能长期下去？就是告诉了父母也没办法，娘家出头（你）离了，一天到晚待在娘家？还不如在农村，领上娃娃回去，住在村里吃上点喝上点就行了。你在城市，没工作没收入的，你咋过？"（个案编号：JDY180128）

比较几位年长女性的思虑与经历发现，生活的成本、福利分房政策对已婚家庭的偏好①和女性普遍就业后面临的工作与家庭双重负担等结构性事实，导致女性若离开夫家，大多需要娘家持续地注入一定量资源，以帮助她们"过"下去，因此，娘家拥有资本的数量与分配促进或制约了年长女性对娘家介入的选择。

金阿姨和前述的葛阿姨都主动选择了不向娘家求助，刘阿姨则是被娘家的姐姐们剥夺了诉苦的机会，可见娘家内部也存在分歧。

刘阿姨年轻时"是不吭气的那种人"，婚后与丈夫住在公公向单位要到的小平房中，最初搬过去时"也没什么人可以说话"。同丈夫的矛盾出现在有了孩子后，因丈夫不怎么顾家，刘阿姨便常回娘家向母亲抱怨，但如此几次后，姐姐们阻止了她。在姐姐们看来，"回去说了我妈又气，可又没办法，因为不值得去闹，也没有什么大的矛盾，不是非要离的那种，没有什么大事，就要能忍能耐。想过了就不要说，要不就闹起来，不要过了，何必惹得大人生气。"（个案编号：LYA180201）

"过"成为刘阿姨的姐姐们判断娘家是否应干涉嫁女小家的准绳。"大吵大闹了，娘家肯定要去找婆家"，即"大吵大闹"才构成对"过"的威胁，也才能够启动娘家介入。可见，娘家介入的动因在于结束女性当下的"过"法，因此其干预可以看作夫妻关系的指示器，调解的功能却相对废弛，当夫妻冲突

---

① 家庭作为城市居民获得住房资源的基本单位这一事实，是家庭捆绑式的福利政策之结果，"在社会主义实践时期，由国家认定的婚姻家庭，成为国家生活资源配置制度与居民个人生活需求之间最为重要的中介"（陈映芳，2010）。

被认为严重到难以或无须弥合时，娘家人方会采取烈度和强度都比较高的手段来终结纠纷；反之，如果还存在"过"的愿望与可能，那么娘家的敌对情绪则不能或不便付诸行动，此时尽量不让父母为自己生气便成为嫁女的承诺或对她们的期待。概言之，娘家介入在"过"的绵延流动中并非一时的意气之举，"过"的逻辑型塑着娘家介入的生发。

张阿姨的经历则相反，出于平息嫁女委屈、释放娘家人怒气和解决夫妻矛盾的动机，娘家作为外力的介入却惹恼了夫家，带来预料之外的后果。

张阿姨的故事由她的嫂子讲述，后者认为娘家人的干预是张阿姨离婚的导火索。婚后生活有较多不愉快的张阿姨最终把与丈夫的矛盾"告诉了她家人，闹得打了他一顿，要不也离不了。受了委屈，娘家人给她做主，一打，婆家也受不了，那怎么办？就离了。"

笔者："娘家人反而激化了矛盾？"

"那肯定。她和她男的、和婆婆都有矛盾，他又向着他妈，男方家也气粗。……要是不闹，也就不离了，他们闹得人家离了婚，离了现在两个人都不好过，孩子也两头住。"

听起来，夫妻俩似乎并不是决意离婚，又何以至此呢？"闹到那份儿上，男的也说出来离，不离等什么？人有时候逼到那一步了，只能往下走。她离了想着找（对象）也好找，自己工作、长相啥也好，没想到现在还是单身。"（个案编号：ZZH180201）

娘家介入的"闹"使丈夫一家失掉面子，打破了小家庭原有的生态尤其是"政治平衡"。作为婚姻家庭之外的亲属力量，娘家为嫁女的"做主"一方面赋权于女性，增强了她们的反抗能力，另一方面对娘家的过度依赖和娘家的不当介入又可能去权于女性，使之丧失对婚姻、生活与自身的掌控。

娘家同嫁女的联系，不仅体现在当已经成立小家的她们与丈夫或其一家发生冲突后，娘家所给予的物质、劳务和情感支持，还在娘家、小家、婆家构成的亲属群中使娘家成为是婆家抱怨嫁女的对象以及向嫁女施压的渠道，李叔叔的经历就反映了这一点。

李叔叔是家中唯一的儿子，有四个姐姐。父亲去世后，李叔叔与妻女一家三口和母亲住在一起，出嫁的姐妹也"没有争抢（父母的）房子，就留给他了"。李叔叔的姐姐们曾与弟媳的娘家交涉过两次。第一次在1990年初，因为弟媳对婆婆不友善，李叔叔的两位姐姐和一位姐夫就"告了过去"，希望娘家能够教育其女儿尊重老人；第二次在2000年前后，因为弟媳出轨，姐姐们遂又向其娘家"告状"，"怕他们不知道她的那些事"。（个案编号：LJH180201）

与前述案例不同，李叔叔的故事中出现了两种方向相反的娘家介入形式：出嫁女性介入父母生活，以及娘家姐妹介入兄弟生活。

李叔叔的姐姐们之所以会找到弟媳的娘家，是由于娘家被认为有管束出嫁女儿的责任或者说义务，可见，娘家同嫁女的联结持续并深远，这对李叔叔的姐姐们亦然。娘家的本义与婆家相对，它被父权体系在规定中边缘化，却又为出嫁女性在情感上所依赖，社会的嬗变使娘家的这两重含义此消彼长，在其规定面趋淡的同时情感面得到凸显，所以李叔叔的姐姐们会依托娘家人的认同和团结去指责弟媳，以捍卫年迈母亲的权益或为一母同胞的兄弟"出头"。在有儿有女的家庭结构中，娘家的情感面和规定面并非简单的相互替代，作为民间法的传统规定依然有其效力，所以虽然知道母亲在弟弟家受气，但是李叔叔的姐姐们并没有把娘家母亲接到自己的小家中，因为"妈妈有自己的家、自己的房子，再说自己也能行能动，不需要人照顾，没必要出来"，而最重要的原因在于"家里有儿子就是儿子说了算，最后总还是听人家的"。

年长女性大多采取继嗣外婚的婚姻模式和从夫居或新居制的居住形式①，

空间是社会生产的动力、媒介与结果，生活场所的变换意味着嫁女同娘家的客观分离，男性本位的从夫居更喻示了女性作为生平情境异于夫家的陌生人，为之接纳并融入其中的不易，因而"从夫居制对婚后必须进入夫家父系亲属圈的妇女是极为不利的"，这导致了嫁女之于娘家的"连根拔起"效应，但是当她们得不到夫家的善待时，娘家作为庇护场所的功能被视为娘家对女儿最大的支持（金一虹，2015）。

在如此背景中，娘家的"灭火"功能凸显。访问年长女性时发现，"过"被数次提及并贯穿其叙事，成为理解这一群体娘家介入经历的关键概念。"过"是日常生活再生产的朴素表达。也就是说，娘家介入是对嫁女在小家例行化的"过"崩溃这一决定性时刻的反应，表现出了类似消防员的特性。此时首先要有"火"，即娘家介入是被动的，需要已婚妇女的求助和事态的严重性来对娘家人进行情感与信息动员；然后要去"灭"，因为娘家不仅是年长女性愿意求助的对象，也可能就是她们唯一可用的资源。至于娘家介入的后果，则包括发泄敌意、化解冲突和激化矛盾等。

二、"折磨"：年轻女性的经历

在受访的年长女性看来，过去她们想求助娘家却被掣肘于种种阻碍，然而今非昔比，独生子女政策所孕育的年青女性一代面对娘家介入时，依然感慨万千。

在前文有关"代际权力"一章讲述顺从禁忌和"界限工作"一章描述界限混乱时，曾提到了婉彤的经历。

婉彤婚后，娘家父母与她丈夫的矛盾日益尖锐，娘家对女婿不满的一点在于他对小家庭经济的不管不问。2017 年夏天，婉彤父亲得知自己战友的朋友是婉彤丈夫单位的领导，便请对方"说说"女婿，上级向婉彤丈夫预支了 3 个月的工资，希望其交给婉彤以补贴家用，但这笔钱又被他如数退了回去。

看到小家的生活难以为继，娘家便积极筹谋婉彤与丈夫离婚，两人离异的焦点在于幼儿的抚养权，父母表示会尽力满足女婿提出的条件，以和平解决争执，若不能，便要尽快，即在孩子两岁前起诉离婚，因为法律规定"两周岁以下的小孩，一般随母亲生活"。夫妻分居两个月后，丈夫在 2018 年春节前打算给妻女一笔生活费，对此，婉彤父母授意女儿拒绝了，"一是因为已经和他不来往了，二是没有他的经济投资，（便于）为以后顺利争取到孩子的抚养权"。事实上，父母对后代的保护，也是对娘家自身利益的捍卫，他们强调"什么都是我们付出，他家啥也不管"。（个案编号：ZWT181005）

可见在今天，娘家仍会参与解决女儿小家庭的危机，不过其方式更为多元，思虑也更加细致，这明显受到了经济与社会变革特别是独女家庭和财富累积的影响。

前文已提及，年长女性经历的娘家介入多发生在其小家生活中出现了威胁到"过"的重大冲突之时，而今当亲属关系的女系化凸显，娘家对小家的干预也可能更为频繁与深入。换言之，对年轻的已婚女性来说，眼下更普遍的情形是，娘家介入正在成为她们生活的常态。

长在太原的小宋工作于广州，并在当地购买了一套住宅，娘家付清首付后，还贷由小宋承担（婚后变为夫妻共同还贷）。购房一年后小宋结了婚，丈夫是广州本地人，但暂无力提供新居，结婚时夫妻俩就住在小宋独有产权的房子里。随着经济的宽裕，夫妻俩在婚后第三年又购置了一套住房，这次的首付由公婆支付，房产登记在小宋丈夫名下，房贷由夫妻共同承担。按小宋的说法，两套住房构成了"交换"。

第二套房屋收拾妥当后，娘家父母便开始在太原和广州两地奔波往返①。小宋的母亲说，"现在的年轻人都懒，会做饭也不开灶，我们就是来伺候他们

---

① 小宋的姥姥已 90 多岁，小宋母亲在太原时负责老母亲的日常照顾，她离开后便由姐姐们承担起赡养职责，但小宋母亲仍会不时地回太原探望老人。

了"，又因小宋计划备孕，娘家的日常照顾遂越发重要①。由于气候的不适应，父母坦言并不想待在广州，却又表示"他们（指小宋夫妻）工作可忙呢，我们给他们做饭什么的，而且有了孩子以后，还得看孩子"。调查时，小宋正计划把父母的户口迁往广州。（个案编号：SWT180604）

宗法制度被撤销合法性后，嫁女同娘家的纽带不再是"泼出去的水"，女系亲属照料小家生活的事实，反映出娘家介入的日常性与主动性。调查案例均显示，随着婚前亲密的代际关系进入婚后互惠的家际关系，娘家介入成为娘家向小家表达情感、输入资源、分担压力的常态。然而，在为年轻女性的小家生活提供便利的同时，娘家介入也可能使她们遭遇新的烦恼。

小郭的例子最初出现在前文有关"界限工作"一章对界限分合的叙述中。

小郭的儿子体质偏弱，夫妻俩平素忙于工作，遂由娘家和婆家轮流照看还不满3岁的孩子。小郭的丈夫坚持周末要由小家来育儿，因为他"不太信任老人带孩子，重视父母的陪伴和教育，但平常也没有办法"。

2017年5月的某个周日，小郭夫妇领着几个月大的幼儿去超市闲逛，周一幼子因发烧住院，得知消息的娘家父母赶到病房，心疼外孙之余也对小夫妻俩不满，他们责备小郭不该带孩子出去，"把孩子带病了，就不会带孩子"。由于父母的言辞激烈了些，加之对孩子的忧心，小郭在病房哭了起来，她说自己本想让劳累的父母休息，丈夫也希望在周末看看孩子，父母则顺势抱怨道，"这休息什么了，还不是要我们看"。事后，小郭说自己感到委屈。

这样的情景并非特例，每逢幼儿身体不适，娘家特别是母亲对年轻夫妻的不满就会爆发，指责他们"又领孩子出去玩了"。某次流感病毒肆虐，幼儿出现发热症状，面对老人的埋怨，小郭感到无奈、烦心与不快，她解释说周末只是去上早教课而已，直言"孩子病了有什么办法"。与女儿争论了几句后，母

---

① 小宋的公婆因为居住距离较远、年纪偏大且身体不佳，所以不便照顾小宋夫妻。

亲一气之下离开，还要上班的小郭只好拜托公婆赶来照看孩子，她私下表示"（这次）怨我妈，非把责任全推到我们身上"。

在与小郭父母熟识的知情人看来，娘家偶尔外显的对夫妻俩的不满与他们"看不上女婿"有关，觉得"他磨磨蹭蹭，这不好，那不好"。娘家通过向女儿施压，来确证和行使自己之于小家的权威，却使小郭夹在中间，委屈频生。（个案编号：GLW170710，GLW180628）

委屈是不满与无奈的混合，"来自情感与家庭政治之间的张力"，暗示"所依赖的和预期的某种相互关系没有达到"（吴飞，2009）。面对娘家介入，小郭既要作为女儿满足父母的心意，又要作为妻子照顾丈夫的想法，双方期待以对抗的方式相遇，却无人理解她的思量与处境，遂使小郭体验到难以平衡的女性角色冲突。

如果说，小郭对娘家父母和小家丈夫的兼顾以及由此带来的委屈感尚不强烈，那么婉彤在两者间被撕扯的折磨则鲜明地呈现出了娘家介入小家过度所酿就的苦涩。

婉彤婚后育有一女，抚幼主要由生育前便辞职的婉彤和已退休的母亲承担。在小家与娘家频繁往来的过程中，婉彤却常同父母对生活中的大事小情给出截然不同的解释，以如下四方面为例。

其一，婉彤带孩子到婆家住。一次去婉彤家访谈时，婉彤刚带着孩子从婆家回来，幼儿正因发烧而哭闹不停，由于孩子是在婆家生病的，但他们却毫无察觉，就此，婉彤母亲带着怒腔对笔者说"千万不要找农村的，你看看这多麻烦！"由于婆家几乎不帮助婉彤照料孩子，"啥也不管"，因而她在婆家的时候"就是硬撑，特别累，所以在婆家待不住，总想回娘家"。

因亲家没能悉心照料幼儿，娘家对外孙女偶尔被带到婆家这一做法的不满日增，埋怨女婿以为娶进门的媳妇"就是我家的"。依照婉彤丈夫的说法，他希望母女俩住在婆家是为增进祖孙间的感情，"想让他妈多看看孙女"。至于婉彤，则力图平衡各方，"我就是想把娘家和婆家的关系搞好了些，就想着两边都住一住。两边都住的话，对孩子的成长也比较好，我就想她跟姥姥也亲，跟奶奶也亲"。

其二，婉彤不急于找工作。看到同龄人无一不就业，父母总劝婉彤出去上班，也会托人给她介绍好的工作，"让她把家给他打理好就行了"。对此，所学专业为会计的婉彤有自己的明确规划："我一直在关注这个会计圈的不管是大事还是小事，变化我都了如指掌。我不可能就是一心一意地做点家庭主妇的事，我也关注着自己的事业。其实我一直没有放弃过工作上的进修，我老公支持我学习。……这都是为今后的工作做铺垫，你必须得进修，尤其是会计这一行，必须有证。假如我现在已经四五十岁了，我还是一无所有，没有证，连个初级证中级证都没有，就是因为我前两年早早地放弃了学习，就直接步入社会，直接去工作。假如说我这段时间就工作着，又顾家里，根本没有时间和精力去学习，考到证的概率很小，注意力也没有全职在家的学习效果好。现在就是有一段时间去发展自己，而且我这个年龄正是学习的时间，我就相当于给自己进修了一段时间的研修班。……这都卡着时间呢：明年五月份初级考完了，中级考两年，（那时）正好她送了幼儿园，我的中级证也拿上了。"

婉彤意识到提高职场文化资本的重要性，以及入职后将面临的工作与家庭双重负担，她希望通过在家学习并育儿的方式来实现最优的安排，而当自己的规划与父母的主张相冲突时，婉彤的策略不是顺从或对抗，而是"磨"与"僵"。"我妈我爸坚持让我出去上班，我老公坚持让我在家，我自己也是坚持我在家，所以就是跟我妈我爸有矛盾，跟我妈我爸使劲儿磨着呗，反正我是不可能出去，就是为了孩子成长，还有我自身的发展。现在我就是学习啊。父母就是老观念，觉得你在家闲着你就废了，歇上三年你就找不到工作了，就是这想法。"

笔者问道："但是你说了你的想法，父母不是很能接受是吗？"

"嗯，人家还是坚持人家的想法。就僵的呗，到时候再说。他们让工作，腿在自己身上。"

其三，婉彤肩负的三种关系和角色，即夫妻关系与向上和向下的亲子关系，以及妻子角色、女儿角色与母亲角色。一方面，娘家认为婉彤对丈夫百依百顺，"他说什么就是什么，对的听，不对的也听"，却"不听爸爸妈妈的"，是"不争气"，他们希望女儿"能有自己的主见"。婉彤则主张这是夫妻分工的必然："反正我现在也不上班，就是我主内，他主外，家里这些他都不操心，我大包大揽，都是我挡在前面，我全摆平了，让他有稳定的婚姻、强大的后盾、稳定的家庭，去拼事业。"

就抚育第三代而言，婉彤认为："（我现在）说话比以前有分量，因为你也是为人父母了。以前的角色就仅仅是一个做女儿的角色，就是爸爸妈妈说啥就是啥，顶多有点小摩擦，跟父母协调一下就好了。但是现在你不一样了，你也是做母亲的一个角色，所以有的时候，当姥姥的教育方法和当妈妈的对女儿的想法会有冲突，就得自己在中间协调。"

其四，婉彤娘家对小家的插手。婉彤表示上一代的干预影响了她的婚姻家庭："他们（指父母）跟我说，让我传递给他（指丈夫），他肯定不高兴，就觉得本身咱俩商量好的，怎么让你妈你爸一说，就又变化了。"

面对娘家介入引发的一地鸡毛，婉彤多次提到"哄高兴"家人的努力，对这种夹在中间的状态，她以"折磨"概括："挺累的，就两边都安抚，两边哄。我要权衡这中间的利弊，哪边有了矛盾，我都得去平衡这中间的关系，也觉得心烦，闹心。"①（个案编号：ZWT170901，ZWT180113）

娘家希望实现代际亲密性在女儿成家后的延续，居于小家丈夫和娘家父母之间的婉彤想要协调好与各方的关系，却体验到为人女、为人妻、为人媳、为

----

① 沈奕斐在对上海城市家庭的访谈中也发现，"对夹芯板而言，双方都是他/她的家庭成员，很难取舍"。

人母、为自己等不同身份在同一情境中共存所带来的紧张感。

受访时，年轻女性普遍认可娘家介入在向小家提供支持方面的价值，但又多对长辈的"界限不清"感到不快，"委屈"和"折磨"作为十分常见的体验，表明年轻女性在依赖娘家介入时，陷入了竞争性亲密关系[①]。这与过去男性的处境有类似之处，即"如果儿子在核心家庭里当了管家，他就很可能把自己夹在父母和媳妇之间"（笑东，2002）。当前，当小家同娘家因情感转向而亲密、因福利需求而走近，并受到家务和情感劳动女性化的作用时，娘家可能不只是为女儿服务的"（第二个）妻子"，也可以是想要控制她的"（第二个）丈夫"。显然，娘家兴起后在同小家建构界限时发生的不快与冲突，其前提之一在于：小家相对娘家拥有了独立性和自主权，年轻的夫妻会反感并反抗娘家在支配（而不是帮助）小家时打破界限。

对年轻女性来说，娘家介入反映出父母和嫁女在利益、情感、伦理等方面的黏结与统一，但小家和娘家的亲密也可能使当事人为之所累。今天的娘家介入喻示以子女个人为导向的亲权之回归（阎云翔，2016）[②]，亲属关系中崛起的娘家既有意愿也有能力去帮助嫁女小家的日常，但娘家干涉小家生活的范围越来越广且程度渐深，遂使年轻女性面对的娘家介入呈现出运动员一般的特质。

第二节　从政治倾向到功利取向：
"代"现象的社会语境

对应于娘家介入从消防员到运动员的角色转变，年长女性和年轻女性的经

---

① 有关竞争性亲密关系的分析，详见本章第三节。
② 阎云翔（2016）认为，父母干预型离婚就是这一事实的缩影。

历差异说明她们因时空组合中的代位置而形成了不同的现实代（generation as actuality）单位。在曼海姆（2002）的分析中，社会和文化过程型塑出不同的代类型，"纯粹的同时代性只有在涉及对相同社会和历史环境的参与时才具有社会学意义上的重要性"。与生命历程理论的主张相一致（Scott et al.，2004），曼海姆特别强调早期印象的决定性影响，认为"早期印象倾向于与一种自然的世界观相结合"。早期经验对人格与认知的显著作用也得到了心理学领域诸多实证数据的支持。

概言之，理解代群特质及其分化，离不开对特定社会语境的检视，而与两代女性的娘家介入经验息息相关者，莫过于规范家庭意识形态（family ideology）①的家庭制度环境。虽然本章调查的娘家介入现象发生在市场转型时期，但是年长女性与年轻女性遭际的差别十分显然，该如何理解这一"同时代人的非同时代性"？对不同代的女性群体来说，她们体验中的时间的非同时代性将在共时性中折叠的历时性的制度影响展开，而这样的结构性差异无疑受到了早期经验的型塑，即"每一种具体经验都从它与早期经验层的关系中获得其面貌和形式"。因此，为理解娘家介入的代际异质性，需要回溯不同代女性进行早期社会化的现实语境，并探究它如何"层化"了女性代群的经验②。从年长女性成长的集体化时期到年轻女性成长的市场转型时期，家庭制度经历了怎样的嬗变，这些变化又会如何投射到体现娘家同小家关系的娘家介入现象中？本章接下来便要回答这两个问题。考虑到：从传统到近代再到现代，中国家庭之变迁始终受到着国家的干预，而家庭法规和家庭运动都属于国家发动的促进家庭变化的直接努力（Whyte，2005），故下文将选取《中华人民共和国婚姻

---

① 家庭意识形态使家庭生活的某些方面能够以一种特定的方式被发现，它作为基础性的预设并不是能够轻易而灵活改变的想法，而是生活之舟上最基本的船舵，一旦形成，除非面对不同寻常的情境，否则很难变更。

② 下文揭示的两代女性娘家介入经历与各自成长期的家庭制度逻辑的相关性，也反过来证实了从形成早期经验的社会情境来理解"代"现象这一分析路径的合理。

法》（以下简称《婚姻法》）①和"五好家庭"活动两个侧面，来诠释家庭制度的历史沿革②。

一、集体化时期：鲜明的政治倾向

受苏联模式影响，借助新体制赋予的动员能力，1950 年颁布的《中华人民共和国婚姻法》革故鼎新，废除包办强迫、男尊女卑和漠视子女利益的封建主义婚姻制度。实行男女婚姻自由、一夫一妻，男女权利平等的新民主主义婚姻制度，作为对国家权力及其合法性逻辑的映证③，这部《婚姻法》的"终极目的是保持家庭的稳定"（王洪，2003）。但在泛政治化的语境中，破旧立新的政权建设需要导致《婚姻法》相对忽略了具体家庭问题的解决（刘维芳，2014）。

与《婚姻法》相辅相成，"五好家庭"活动服务于治理能力及其现代性逻辑。当时，为改变中华人民共和国成立之初落后的经济状况，得到解放的妇女被动员参加生产建设（金一虹，2006），出于"女主内"以及"家务劳动是社会劳动的一部分，参加家务劳动也是光荣的"（周恩来，1993）这样的定位，建设"家庭邻里团结互助好，家庭生活安排好，教育子女好，鼓励亲人生产、工作、学习好，自己学习好"④的"五好家庭"活动成为现代化工程的激励机

---

① 《婚姻法》的调整对象是包括婚姻在内的家庭关系和亲属制度，因此《婚姻法》的变化关联着对家庭的认识与实践（王洪，2003；李春斌，2016），这恰契合了本章关注家庭制度的旨趣。

② 将家庭制度环境分为集体化与市场转型两个阶段，对应了改革开放前后中国社会发生巨大转型的事实，但后者并不必然导致前者，更重要的划分依据在于通过梳理两个时期的家庭制度文本，发现它们在内容、原则等方面的差异，因此这并非刻意制造家庭制度环境的割裂，而是以现实作为基础的。需要注意的是，不同于塑造家庭意识形态的家庭制度环境之嬗变，有关家庭结构或者说规模之分界点的讨论，参见庄孔韶（2000）、王天夫等（2015）。

③ 周雪光（2017）将国家权力和官僚权力视作理解中国政治谱系的两条脉络，其中，国家权力注重合法性逻辑，官僚权力强调现代性逻辑。

④ 这是 1956 年 2 月，全国民主妇联与全国总工会等 13 个单位首次联合动员家庭妇女建设"五好家庭"时所提出的标准（周蕾，2015）。

制。在推行中，却出现了要妇女"做旧式贤妻良母"的一些偏差[1]（刘传霞、石成城，2018）。

鉴于集体化时期的国内外情势，作为中轴的国家权力体现的政治倾向成为家庭制度环境的根本原则，显然，家庭政治功能的实现需要家庭在结构上的完整作为载体或依托，当家庭成员的需求与之抵牾时便会遭到压抑。如此家庭制度建构出的家庭意识形态，强调家庭为政治服务的稳定结构与外在功能胜过其他，奠定了年长女性早期社会化的底蕴。

二、市场转型时期：功利取向的流行

改革开放序幕开启后，国家权力为获得绩效合法性（performance legitimacy）而"更多地依赖官僚体制的组织动员能力来推动经济发展"，追求现代性的官僚权力得到扩张（周雪光，2017），家庭所嵌入的制度环境也被重塑（张卫国，2010）[2]。

1980年颁布的新的《婚姻法》以"婚姻自由，一夫一妻，男女平等，保护妇女、儿童和老人的合法权益，计划生育"为基础原则（黄双全，1980），强调"夫妻平权、亲子平等和亲情共享的民主意识"（萧扬，2000）；2001年修正的《婚姻法》则以"平等、和睦、文明的婚姻家庭关系"为立法核心，"在家庭人身关系、夫妻财产制和完善离婚救济制度等方面进行了补充与完善"（陈苇、冉启玉，2009）。可见在市场转型时期，聚焦家庭关系的民主为

---

[1] 这反映出国家因能力有限而对家庭责任的依赖："为了对父母抚养子女、子女赡养老人的无限的责任义务的强调和强化，国家也必须不无矛盾地强调个人的家庭义务以及家庭成员间的相互连带关系，并赞美传统的家庭伦理"（陈映芳，2010）。

[2] 张卫国指出："在当今中国，社会纽带和亲属关系并不只是由传统和文化来维系，它也受到中国政党和国家的重塑。"

家庭制度建设所重视。另外，"五好家庭"运动在与时俱进之际①，又保持了对规范家庭联系、宣扬家庭美德的连贯性（宋立华，1998），这表明家庭被期待满足福利提供和秩序维系等多重需求。

家庭制度以家庭相关的社会事实为基础。在转型期，《婚姻法》所反映的婚姻制度的私人化（privatization of marriage）得到了公权力的促进（Davis，2014），融汇入个体化特别是主观个体化的潮流②（乌尔里希·贝克、伊丽莎白·贝克—格恩斯海姆，2011）。同时，"五好家庭"活动的鼓励暗示家庭政策将福利负担打包给家庭（陈映芳，2010），对此无力应付的家庭单元遂发展出亲属结群的家庭网络化策略（胡湛、彭希哲，2012；彭希哲、胡湛，2015）。当"做自己"和"靠家庭"（可能还包括"为家庭"）并肩时，（主观）个体化与再家庭化的态势孕育出追求"最大幸福"的家庭制度，使市场转型时期的家庭意识形态表现出功利主义的取向。此时，传统性别分工的延续使置身激烈职场竞争、围于公共福利欠缺且市场服务高企的女性依然被期待承担大部分的家务劳作，于是在某种程度上，协助小家日常运转的娘家介入成为年轻的已婚女性因应工作与家庭冲突、化解市场风险与家务压力的有效方式，娘家可谓"影子妻母"。

依据"代"现象的分析，两代女性经历的娘家介入是对不同时代制度话语的权变（contingent）反应。在梳理了家庭制度从政治主导转型为经济主导

---

① 1982年的"五好家庭"活动强调政治与经济建设的重要，并契合了1980年《婚姻法》的规定，"五好"分别是：政治思想好、生产工作好；家庭和睦、尊敬老人好；教育子女、计划生育好；移风易俗、勤俭持家好；邻里团结、文明礼貌好。1996年"五好家庭"更名为"五好文明家庭"，"素质"成为新标准的着力点，"五好"包括：爱国守法，热心公益好；学习进取，爱岗敬业好；男女平等，尊老爱幼好；移风易俗，少生优育好；勤俭持家，保护环境好。2009年，"五好文明家庭"的标准则包括：爱国守法，明礼诚信；夫妻和睦，孝老爱亲；学习进取，科学教子；邻里融洽，友爱互助；低碳生活，热心公益。

② 个体化被定义为在现代性晚期出现的以个体作为基础单元的社会形态，应区分制度化的个体化和主观个体化（乌尔里希·贝克、伊丽莎白·贝克—格恩斯海姆，2011）。

的历史变迁后①，下文将要探究家庭制度通过什么路径，以怎样的方式，影响了娘家介入的形态。

第三节　从"过日子"到竞争性亲密关系：
家庭制度对娘家介入的塑造

理解制度如何型塑行动时，社会学新制度主义（the new institutionalism in sociology）提供了富有启发的论证。

作为新制度主义的分支，社会学新制度主义将组织所处的环境分为技术环境和制度环境（institutional environment）两类，前者追求目标达成，无涉情境，后者则建构出赋予特定经验以秩序和意义的符号系统。换言之，组织既是工具理性的，也被激励采取那些在制度环境中广为接受的安排，以获得合法性（Brinton and Nee，1998；Friedland and Alford，1991；Hall and Taylor，1996；March and Olsen，1984；Meyer and Rowan，1977；周雪光，2003）。社会学新制度主义提出适当性（appropriateness）机制来具体解释制度影响，主张处在制度环境中的组织及其成员会通过适当行动的逻辑（logic of appropriate action）获得身份认同（March and Olsen，2006）。所谓"适当"，就是对合法的成员资格的确认与表达，适当性包括规范层面的约束，也需要认知层面的接纳，这与

---

① 试图就国家改造家庭的意图和效应下一个定语并不容易，以金一虹（2015）的分析为例："在父权制变迁的过程中，国家的态度和扮演的角色是复杂的有时甚至是暧昧的。国家旨在从制度上铲除宗族制和长老统治的存在基础，也试图对家族主义和代表一家之私的家庭进行改造；为了推行一孩化的计划生育政策和使出生性别比均衡化，国家反对和打击基于'生男偏好'的歧视女孩行为，但是国家又长期默许侵犯女性在土地承包和宅基地等合法权利的行为，容忍男女平等继承的法律被悬置几十年的现状，也许维系男性单系继承的现实更符合国家对农村稳定和保持秩序的最大利益。"

社会学新制度主义所经历的文化转向和认知转向有关（鲍威尔、迪马吉奥，2008；蒋晓平，2014）。对组织成员而言，一种制度就是一套相互联系的规范网络，制度一方面将行动程式化，使之从道德的行为转变为事实的行为，另一方面将行动者社会化，他们通过认同制度信念以实现群体归属与行为规训（陈家刚，2003）。

就本章而言，在剖析家庭制度如何影响娘家介入时，社会学新制度主义从制度环境定义的适当性来理解行动之内容与逻辑的思路颇具价值。娘家介入是家庭组织的一种行动方式，下文将围绕娘家介入的参与者之一，也就是本章的调查对象——小家中的嫁女的经验和感受，来阐释娘家介入与家庭制度的意义关联①。

如前文所述，在年长女性的娘家介入经历中，"过（日子）"具有重要意义②，这体现为介入的时机即"过不过"和结果即"过下去"等。此认识可从客观与主观两个维度来理解：其一，娘家介入的可行依赖于娘家是有用的手段还是制约的条件。嫁女寻求娘家介入后有对住所、服务和物质等的需要，娘家若无法满足这些"过"的诉求，便会因没有能力而限制她们的求助意愿；反之则不然。此外，多位子女围绕娘家资源的博弈也是影响娘家介入的关键变量，兄弟姐妹间的分化使娘家介入复杂、微妙而不定，有时候娘家"想管也管不过来"。其二，娘家介入的可欲同女性对事态与情势的理解有关。理解具有解释和预测两重意义，解释旨在判断严重程度，即影响嫁女"过"者是

---

① 社会学新制度主义的框架只是为娘家介入现象提供了一种解释的尝试或可能，娘家介入的代际差异还与制度特别是经济方面相关，如张卫国（2010）发现同是回娘家寻求帮助，集体化时期的农村"妇女会受到来自娘家或同村人的阻力，尤其当回村后的女儿要从集体经济中分得部分公社的资源和机会时"；市场化时期则不然，因为"家庭联产承包责任制下，个人承包的土地使用权归各家所有。此外，离婚妇女现在可于娘家所在村或别的地方协助娘家经商"。与张卫国侧重来自外部的宏大变革的旨趣不同，本章力图阐明家庭制度在家庭生活中对于家庭成员的微观影响。

② 吴飞也强调了"过日子"的重要性："'过日子'既是一种存在状态，又是一种政治状态。人从一生到家庭里面，就处在人与人的关系当中，并且过日子永远是一个'过'的过程。"

"大事"还是"小事"，唯"大事"才表征"过"的危机，从而唤醒娘家介入；预测则强调嫁女对后果的承受能力，即娘家介入后"还过不过了"，唯"不过"方能激活娘家介入去"灭火"。

集体化时期的家庭制度框构出年长女性的成长底色，奠定了其早期经验的品质，鼓励"家国一体化"（张婷婷，2014）的家庭制度环境将一个强调形式齐整、运转稳定且功能有效的家庭视作适当①。如前文所述，社会学新制度主义主张，制度设定的规范体系在确立秩序的同时，也易使意义变为成见（Brinton and Nee，1998）；外在重于内容、结果大于体验的"过"的观念与实践呼应了政治倾向的家庭制度逻辑，作为年长女性对适当的生活的定义，具有符号霸权的"过"的意旨左右着她们对娘家介入的认知与行动。

同时，"过"这一时代性的话语也依托文化知识的濡化作为支撑。一方面，"过"具有性别指向，嫁出去的女性的美德包括明白自己身份的懂事、对婚姻家庭矛盾的隐忍和履行妻母女之职的尽责等，女性气质的操演影响了嫁女对娘家介入的认识；另一方面，"过"以家庭为本位，家庭在定义个人生命时"有着根本的存在论意义"（吴飞，2009），甚至整体性的家庭目标能够合理化家庭成员不如意的感受。简言之，正是通过政治倾向的家庭制度参与建构的"过"这一惯习，年长女性体验的娘家介入遂表现出"火"起方"灭"的消防员特质②。

上文指出，年轻女性身处功利取向的家庭制度环境，面对日常化且主动化

---

① 对家庭的外在形式与客观功能的强调，并非集体化时期的国家话语之首创，譬如传统文化就将家庭视作一个合作性的事业组织。但两者的相似不否认其本质上的差别，带有集体化品质的制度环境宣称符合社会主义叙事的家庭才是唯一合法的存在。

② 当然，对年长女性而言，集体化时期的制度影响不仅在于早期印象的干预，也拥有现实条件作为其基础，特别不应忽视制度惯例在历时性方面的延续和地域因素在同时性方面的差别，如 Whyte（Martin King，2005）发现，"在九十年代中期，社会主义的制度遗产和毛泽东时代的惯例在塑造保定家庭生活模式上发挥的作用，仍然大于 1978 年后的市场改革"。作为调查地点的山西之民风民俗，可能使年长女性经历中集体化留存的成分相对突出。

的娘家介入，她们遭遇到竞争性亲密关系。竞争性亲密关系的发生是家庭制度映射于微观层面的结果。作为主观个体化与再家庭化的统一，市场转型期家庭制度环境的每一种成分都会影响娘家对小家介入的方式及过程。

其一，再家庭化既制造合作也引发冲突，家庭成员因亲密关系的积淀和现实需要的拉近而密集往来，这样的家际互动或者说亲属结群的适当性客观上为娘家介入后矛盾的爆发与频仍创设出空间，很可能导致夫妻关系和亲子关系[①]围绕同居中的年轻女性的亲密性而相互争夺[②]（如小郭试图兼顾丈夫和父母而蒙受的委屈），并且这一亲密关系的竞争在"中国式亲密关系"的风尚中得到了强化，即通过"对个体边界的相互侵犯，以达到两个人之间'不分彼此'的状态"（阎云翔，2017）。

其二，主观个体化赋予鲜活的、反身的、能动的主体及其建构的"自我文化"以适当性，面对娘家介入，夹在丈夫和父母之间的年轻女性能够既履行又超越家庭角色的定式，对自身的欲望、感受和偏好予以关照，而这可能使女性主体体验到另一重意义的竞争性亲密关系，即亲密情感的规定面向（"应有之情"）与亲密情感的实践面向（"实有之情"）的颉颃（如在父母/丈夫期待女性的顺从与女性对自身想法的坚持之间，小郭感到的折磨）。"你该"的约束与"我想"的理解彼此对抗，两者的张力如跷跷板一般，在娘家同小家的界限建构中，考验着居间者的智慧和能力。此外，面对娘家介入引发的争执，年轻女性作为主体会策略性地将困扰普遍化（如表示因"家家有本难念

[①]　嫁女与父母之间的冲突使竞争性亲密关系成为代际矛盾意向（intergenerational ambivalence）的一种本土化以及性别化表达。代际矛盾意向是对代际关系中矛盾的概括，它源于亲子两代人在自主与依赖之间的张力，也同家庭成员的地位变化及得失有关，还可能由家庭结构和角色改变所导致的期待的模糊化而引起。代际矛盾意向体现于外在的关系和内隐的心理两个层面（Scott et al.，2004）。

[②]　曾经，因夫妻关系被认为会威胁到父子关系，故而夫妻轴服从于父子主轴被认为是确保家庭作为事业社群之稳定性的合理做法（许烺光，2001）。现今，两种亲密关系之竞争的出现也是对时代流转、（家庭）制度变化的折射。

的经"，故矛盾在所难免）或局部化（如自述平素与丈夫和父母均保持了良好关系，不和只是例外），来疏解竞争性亲密关系带来的紧张。

　　与对可流动的劳动力尽量压缩成本以汲取利润的需求相一致，市场转型时期推崇的家庭意识形态使对家庭生活的倾注和对个人意志的强调作为适当的家庭的定义，共同构成了家庭成员的行事动机，这一结构性的双重特征导致"亲子一体和代际责任伦理在家庭成员的自反性生涯和协商过程中得以再造"（刘汶蓉，2016）。以家庭生活的双系化与情感化为前提，对家庭生活付出多也决定多数的年轻女性往往倾向同熟悉、信任且亲近的父母互动密切，于是，娘家或因投入的增多而获得了干涉女儿和小家的权力，或将下行的代际亲密关系径自移植到子代的婚姻家庭中，从而使年轻女性所担负的多重性别化了的角色期待如贤妻、良母、孝女等相碰撞。同时，亲密关系的张力不仅见之于角色丛，也会蔓延至内心，使女性遭遇他人主张与自我感知的冲突，这恰如乌尔里希·贝克（2004）指出的，在个体化过程中，"世界在'我'和被期待的女人之间……分裂了"。

第四节　总结与讨论

　　家庭受制于社会肌体。在父权制的笼罩下，娘家的价值更多体现在日常生活、个体生命层面。时移世易，中华人民共和国成立后去传统、兴改造的系列举措，使国家效应深刻地进入家庭，合法性与现代性轮次主导下的家庭制度环境之嬗变，淬炼出特定时空中的家庭理想意象。家庭政策影响了家庭形成或获得认可的方式，并由此塑造出娘家介入之于年长和年轻两代女性的结构性差异。娘家介入的代际比较如表 5 - 1 所示。与此同时，两代人面对的娘家介入的延续性亦有迹可循。由于是女系亲属网络，所以娘家始终以嫁女代理人的身份而介入其小家，但干涉的过度与不当可能引发或激化小家冲突，这与娘家介入所暗含的对男性气质的威胁和对家庭边界的僭越等挑战了默认共识的意涵有关。

表 5 - 1　娘家介入的代际差异

主体	年长女性（"50后""60后"）	年轻女性（"80后""90后"）
制度环境	集体化为基础	市场转型深入
家庭意识形态	政治倾向	功利取向
背景	非常时刻	日常生活
方式	被动/消极	主动/积极
关键特征	"过"的逻辑	竞争性亲密关系
譬喻	消防员	运动员

集体化时期，家庭为"官僚制的社会主义"（Whyte，2005）的合法化建设服务，对个性需要的餍足让位于巩固政权的强令；市场转型时期，家庭的自我保障能力被过度榨取，同时政治压力的退却为情感的反弹释放了空间。借助《婚姻法》和"五好家庭"等活动形式，家庭制度环境通过适当性机制规范了家庭意识形态，型构出具有社会分化意义的代群体，即年长女性与年轻女性所经历的娘家介入小家这一现象的不同类型。

年长女性的家庭意识形态先服膺于政治倾向，之后得到功利取向的部分重塑，于是，小家的夫妻不和（市场转型时期的影响）成为年长女性求助娘家的缘由，但工具性的"过"（集体化时期的影响）仍然在很大程度上决定了娘家介入的发生和结果。到了去集体化时期，市场转型伴随着增长率放缓的人口转型，一孩化政策不仅急遽改变了人口构成，也对家庭生态造成深远影响，女系化的娘家从边缘到兴起的变迁便是其意外后果。对生活在市场转型深入时段的年轻女性而言，娘家介入的可及不再是困扰，但父母干预的日常和主动却引发了竞争性亲密关系这一独特体验。

社会学新制度主义为理解娘家提供了新的视角。如果说以往的娘家研究大多旨在反思"男流"中心的宗族制分析，并使娘家和婆家构成相对称的关系，本章则尝试在社会学新制度主义的启发下，理解两代女性的娘家介入经历及其制度嵌入性，从而阐释在家庭制度环境框构的时空秩序中，小家中不同代的女性与娘家之间是如何建构界限的①。制度通过适当性机制来型塑行动，就娘家介入而言，正是有关"什么是适当"的规范和认同使年长女性生发出"过"的逻辑，亦使年轻女性体验到竞争性亲密关系。

本章的发现进一步明晰了前两章现象及内容的背景及社会特点等。不论是代际关系的权力丛簇，还是界限工作的多元形态，当娘家兴起后，已婚女性在小家同娘家之间的遭际，都离不开家庭制度通过适当性机制所发挥的作用。

---

① 评判娘家介入是否具有变革性意义并非易事，它可能契合女性主义的主体性范式，也可能不过是父权制的另类把戏，如张卫国（2010）指出，"妇女与其娘家的非正式联系，作为妇女社会关系网络的一部分，可以提高其社会地位，并使其获得独立。……（但）女性从娘家寻求帮助支持来与男方家庭讨价还价，这仍将导致父权制的延续。因为男方家庭和女方家庭都同样由父权家庭制度所控制"。对此，娘家研究需要考察女性是否具有主导性，娘家怎样认识嫁女权益，互动各方的议价空间与协商过程如何，来予以具体解读。

第六章 家庭平衡的制造及女性家庭地位

一个家庭要过日子，仍然离不开人、财产、礼仪三个基本因素。……子女的小家庭是一个过日子的单位；这个小家庭与父母的大家庭之间，并不是同一个过日子的单位；但是，两个核心家庭之间仍然存在人、财产、礼仪方面的一些关系，比如，彼此之间往往存在一些经济关系，在春节等重要节日，可能还要在一起过；两个家庭之间的喜怒哀乐也会互相影响，那么，这两个家庭的日子之间也会发生相互作用。

——吴飞

传统观念中，女人出嫁之后就如同泼出去的水，原本血浓于水的血缘关系淡化为亲情关系。走亲访友的这个社会形态，会给人带来很多遐思。一个女人远嫁他乡，一年之中只有逢年过节才会回娘家。千千万万个村庄因了女人的这种远征式出嫁而繁衍了乡土中国。细细思索，一个农村女人的一生充满悲壮。今天，随着城市化的推进，男女平等正在不断提升。在城市，过节同样要走亲访友，但女方家族是"外家"的概念已基本没有。有的年轻家庭的主权外事甚至以女方家族为核心展开，如同入赘婚姻，男方缺少主权，委身于女方是从属地位。

——阎海军

中国人最需要的就是界限感。有求必应，不求不应。

——某受访者

在前面章节中，我们相继观察并分析了娘家同小家建构界限的基础、过程和背景，还有一个尚未得到探究的议题：这些事实导致了怎样的后果？本章将关注小家与娘家之间的界限建构对小家生活的作用，探析其中突出的影响因素，并特别关注了女性的体验。

第一节　交换的公平："出钱"与"出力"

不同于前面所记叙的娘家如何帮扶小家的案例，本章首先从一个娘家加剧女儿困境的案例说起。

小薄讲述了自己表姐的故事。"我姐姐原来在一个服务行业工作，这个行业工资比较高，但她不是上五天休两天，而是上两天休两天的这种，不存在周末，我姐夫又是做生意的，就没人很规律地照顾小孩。等小孩大一些要上学的时候，我姐夫受不了了，就认为'我也不指望你养家，你做一个女人，还是应该尽你女人的本职'。我姐之后就放弃了高薪，选了一个社区里的活，工作很轻松，但工资大概只有原来的一半，就是为了自己的孩子放弃了。我姐夫有点大男子主义，他给的理由，一是你不要忘了你作为一个女人的本质，二是这个家不指望你来养。……她爸爸当时说了一句话，就是嫁鸡随鸡，嫁狗随狗嘛，很支持啊，你就应该这样啊，就是认为很传统的女生，你就应该洗洗涮涮，不需要太多地强调个人的追求，你要听话，他们很强调这个听话。"

"我姐姐她是完全为了家庭，就基本上不会再考虑自己的事业、个人前途什么的。……女研究生努力那么多年，她是希望她有一定价值的，不是说努力了这么多年就完完全全淹没在琐碎的生活里。你不能完全放弃掉你自己想要的东西去回归家庭，如果你觉得那是一种乐趣也行。"

小薄由此反观自身，在日后的婚姻家庭中，"我希望为自己去争取，做一个更有自己想法、有主见的女生，但势必这个矛盾也更多。其实你一方顺从了，大家可能皆大欢喜，有时候太有想法、太凌厉了，两个人会表现出一种谁也不服气谁的气质"。（个案编号：BF20180911）

在缺乏娘家和婆家支持的前提下，小薄表姐与丈夫在（服务）"出力"和（经济）"出钱"的分工方面实现了平衡，表姐的放弃和小薄的犹疑表明，这样优化家庭效率的理性选择，是借助"男外女内""男主女从"的传统性别观念而对于家庭照料需求和激烈职场竞争的应付，构成了对女性权益的侵犯与剥夺。对小薄的表姐来说，小家的操持没有援用婆家或娘家的帮助，而是以她的"听话"为代价，实现了父权制逻辑和利益的再生产。这使小薄认识到，女性的自我牺牲换来家庭平和，其自我主张却可能导致家庭不睦，她们的个体权益面对小家整体利益时的紧张引发了婚姻包袱与母职惩罚等现象。或许正是这样的两难冲突，使女系化的娘家对小家的帮扶重要起来，但娘家并非必然会给予女儿有力的支持，这也显示出娘家同小家界限建构的多元性。

同样顺从于夫家意志的还有小纪。

小纪的丈夫比她大五岁，两人相识于工作中。因丈夫年近三十，所以对结婚成家的渴盼要甚于小纪，虽然小纪"正年轻，还想自由几年"，但是最终顺从丈夫的安排，在23岁时结了婚。婚后小纪本想与丈夫"过几年二人世界"，但丈夫考虑自己的年龄，以及想要二孩的必需时间间隔，便主张小纪早些生育，而小纪就此也没有反对。虽然小纪怀孕后便辞了职，但是因为丈夫一家"挺有办法的"，所以她并不担心日后的就业。

小纪的父母都是普通工人，公公是某政府机关的领导，婆家的社会经济条件胜于娘家，结婚时的新居由婆家全额提供。因为公婆退休后仍在工作，所以抚幼之劳作便交给了小纪和娘家，"孩子一直跟着姥姥姥爷，周六日我们俩会带着她去爷爷奶奶家"。

问及小纪是否觉得夫妻地位不平等时，她显得疑惑："没有啊，都是平等的，没有说因为他买了房子，我就低人一等，就应该男方家买房子的，结婚时男方家可以没车，但是没房就说不过去了，都是这样的"，"这没有啥，因为现在就是这样，就是男方要有房子。像咱们"80后""90后"，现在不是缺房子，是缺人，是房子多人少。"可是小纪为什么在婚姻和生育安排方面都顺应了丈夫的主张呢？她表示："早晚都要结（婚），而且我也愿意，他条件挺好的，也是不想错过吧，生孩子也是这样。"（个案编号：JKD180718）

小纪是否丧失掉对身体与自我的权力而屈从于男性家长的霸权，并不容易判断。从结果来看，她是被支配的客体；从主体体验来看，她以性别化的法则合理化现实，得到了家庭的保障并为此自足。这反映出性别规范的悖论，即它对女性的赋权恰恰是通过去权于女性来实现的。比较小薄表姐和小纪两人的遭遇发现，性别秩序的表现与束缚程度以及娘家同小家的亲近与否、支持强弱，是影响嫁女在小家处境的重要因素。

对于小家，与小纪娘家同样"出力不出钱"的还有小袁。

小袁生育后，长辈间在育儿安排方面表现为"娘家出力，婆家出钱"的分工模式，小袁同父母在日常生活中结成育儿组合，幼儿花费的"大头"（比如看病住院等）则由经济条件更好的婆家主动支付。

即使婆家的经济地位高于娘家和小家，但在小袁的家庭网络中，金钱显然不是万能的。虽然婚房由丈夫一家出资购买，但是小袁在选址上坚持要距离娘家近些，这一愿望也"没什么波折"地得到了满足。她表示："咱们这里就是这样，男方必须有房子，有房子还要考虑是离婆家近还是妈家近。"（个案编号：YT180205）

与小纪类似，小袁也依据夫妻不同的性别身份和地方性知识，来解释男系化的婆家对小家予以经济投资的义务。

第二节　失衡的合理：吵吵闹闹的背后

一、讲公平还是看性别

上述三则案例在娘家、婆家向小家的支持方面以"出钱"与"出力"的方式大致保持了平衡（对小薄的表姐来说，这一平衡是通过双方父母都不介入小家的消极作为来实现的），并且受访者自述小家与娘家的总体关系也很融洽。与此相对应，本节将首先叙述一些亲属结群失衡、各方关系紧张的例子。

小赵夫妻俩婚后与婆家同住一宅，孙子降生后，婆家成为抚幼主力。据公婆所讲，小赵小两口对老对小都是一副事不关己的模样。小家三口去游乐园，中午回来时只买了三份面皮，并不会想到父母；过去，孩子早上想让妈妈送他去幼儿园却担心迟到时，还在床上的小赵扔下一句"我还想再睡一会儿"，便继续睡去了；公婆不仅负责全家的日常开销和孙子的大小用度（包括衣、食、学、娱等），在小赵生育前后辞职在家的日子里，还要不时地给她零花钱，而当小赵上班后，老人则需每天早上为儿媳准备她带到单位的午饭……小家与婆家的关系并不太平，对公婆的付出，小赵觉得"应该的，你孙子你不管谁管？"而丈夫则总是和父母吵吵闹闹的。

对此，年近七旬的公婆身心疲累、有苦难言，但他们又不忍放手，因为以往的教训告诉他们：孩子离开爷爷奶奶便常生病，爸爸妈妈甚至连孩子的衣物都懒于更换。

　　小赵的娘家人并不少，她的父亲在其怀孕时去世，母亲退休后继续在私企从事会计工作，小赵娘家的母亲、姥姥与三位姨母都住在同城的另一小区，小赵逢周末以及与丈夫闹了矛盾后，便会独自或领着儿子回娘家。某天，小赵的母亲和姥姥路过小赵婆家，想看看小赵与孩子，没料到亲家也在，公婆便向对方抱怨了儿媳的许多不是，娘家人并没有为小赵辩解，只是一直听着。当询问小赵的姨母（知情人）为什么娘家人如此表现时，得到了如下解释："也没办法，知道姑娘就是那姑娘，婆家说的也在理。再说她也离不开婆家，她妈又不愿意管，她回娘家待不了两天，娃娃就病了。……人家说得对，有啥办法？她自己还管不了自己。（娘家）知道姑娘就是扶不起的那种人，反正嫁到你家，孙子也是你家的，你家爱咋管就管哇，她愿意回来就住上两天，不回来就住在你家。"（个案编号：ZQQ180503）

　　一方面，小赵的娘家、婆家两家以性别化的方式分配责权：女性嫁过去的和占有孙辈的，都是男系的婆家，婆家便有"管"之责；另一方面，两者又认可责权对等的原则，所以婆家"爱咋管就管"。当婆家面对小家时，却因应该和不舍而有责无权，遭受着被小家索取又不被尊重的难堪，相比之下，娘家同小家的关系则轻松得多。

　　当性别化法则和责权对等规范相冲突时，又会发生什么呢？事实上，我们所关注的娘家兴起现象，正是对传统性别规范的挑战。

　　在前文有关"界限工作"一章的界限混乱和"代际权力"与"娘家介入"两章的年轻女性部分，我们都提到了婉彤的事例。

　　婉彤婚后，小家的住宅提供和抚幼劳动都由娘家承担。由于丈夫工作的企业常不能按月发放工资，而是几个月统一结算，所以最初丈夫并不给婉彤母女任何生活费用，辞职在家的婉彤便常向父母要钱，并会为丈夫辩解："他单位就那样，他确实没钱的。"当娘家父母与女婿就此谈判时，婉彤丈夫坚称自己有钱，他指的是自己家在市郊的一套房屋。娘家父母对女儿的"不争气"又气又怨①，与女婿多次协商甚至争执后，丈夫同意每个月给婉彤母女 500 元，尽管这不过杯水车薪，因为孩子的奶粉花销一个月就需要千余元，并完全由娘家支付。婉彤上班后，丈夫不再给母女俩固定的生活费，而是表示"你要买什么，告诉我，我去买，或者买什么我就给你多少钱"，但物品的质量又引发新的不快，婉彤母亲指出："他只会买最便宜的，卫生纸有二十元的，就不会买三十的。……我家姑娘就不是穿五十块钱裙子的人。"

娘家与小家女婿之间大大小小的冲突充塞于日常。有一次婉彤母亲在争吵时说了一句"这是我的家，你别来"，自此婉彤的丈夫再也没有踏进娘家门一步，他后来向婉彤表示，"你家就应该找个上门女婿"，婉彤把这话原原本本地告诉了父母②，无疑又强化了娘家对女婿的不满。婉彤夫妻关系恶化后，过年前丈夫曾叫婉彤母女"回家"，但娘家指出"叫也不是诚心叫，就在电话里说了下。他就是怕过年不好看，亲戚们问起来你媳妇、姑娘呢，不好交代"，最终婉彤也没有去婆家过年。据知情人透露，婉彤丈夫的父母在他年幼时便离异，丈夫由母亲独自抚养长大，自尊心强，"受不了（岳父母）那样管的"。至调查结束，小夫妻俩仍然处于分居状态，丈夫甚至不再与婉彤母女联系。

在娘家介入小家而引发危机的过程中，婉彤和父母对小家存废的态度发生了相反的变化。孩子一岁多前，婉彤夹在娘家父母和小家丈夫中间努力调停，而娘家在外孙女五六个月时，便萌生出"不行就离"的念头。当夫妻俩真正分居后，姥姥姥爷意识到离婚对孩子的伤害。比如，早教课上，别的孩子都是爸爸和妈妈两个家长，自家孩子却是妈妈和姥姥带着，而且孩子有段时间一直称呼姥爷为"爸爸"，见到电视上的男性也会喊"爸爸"，全家人好不容易才

---

① 可见，竞争性亲密关系除使当事人感到折磨外，也会使在竞争中失败的一方产生负面情绪。同时，娘家对女婿的怒气亦因对女儿的不满而加剧。

② 在知情人看来，婉彤此举并不恰当，"有些话没必要告诉父母，而且气头上的话说完就完了嘛"。

改变了这一状况。出于外孙女"没有爸爸很可怜"的体恤，娘家又犹豫着"能过就过下去吧"。然而，婉彤却改变了主意，表示只要丈夫同意便会离婚。但据婉彤母亲说，女儿内心并不真正想离，离婚对她会是一个很大的打击。至调查结束，婉彤的孩子已上了幼儿园，父母各方仍无进一步行动。（个案编号：ZWT170901，ZWT180113，ZWT181005）

由于同女儿的亲密，婉彤娘家干涉小家颇多，他们坚持责权的一致，即父母为了"我家姑娘"而付出，也据此期待女儿"争气"的回报，以及声张对于"我的家"的权利，而"结婚后父母过度强调其唯一孩子的个人利益而非他（她）的夫妻关系"，正是引起小家婚姻矛盾的一个主要原因（阎云翔，2016）。与之相反，颇为大男子主义的婉彤丈夫坚持自己基于性别对小家的管理权，认为婉彤应"既嫁从夫"才是，而不满于岳父母的横加干预。如此，以公平交换和性别政治这两种不同的合法性为基础，娘家和女婿围绕对小家的权威等而冲突不断。

下面的这段对话来源于某微信群的聊天记录①，它有助于帮助我们进一步理解婉彤的案例。

果果：说到话语权。我家老公也说他没有话语权，我也没有话语权，都得我爸做主。

Amy：这个，婚姻关系应该是夫妻第一位，父母和孩子都退后。老公没有话语权长远来看不利于稳定的关系哦。

柯南：大股东有决定权。

果果：在小家里，还是有话语权的。老公管我呗。

Amy：一定要给老公面子的。

果果：给啊。

_____

① 引用时笔者已征得所有发言人的知情同意，微信名已做处理。

Amy：大家庭尽量不要掺和小家庭，一掺和就复杂了。

果果：但我家现在就是和我爸妈住一起的，我基本上吃他们的，住他们的，有经济基础才有话语权。

Amy：你这也难怪父母派婆家的不是，但听多了多少影响你们夫妻的沟通。

果果：除非我和老公有一个人比我爸挣得多。（个案编号：WXQ201812 20）

柯南提到的"股东"说，可看成家庭是经济合作社这一定义的现代版本。如果说，经济合作社强调的是在父权制社会中对于效率最大化的实现[①]，那么"股东"则突出了经济基础与家庭权力的关联，这在婉彤娘家不时介入受其帮扶的小家过程中也有体现。

另外，Amy指出夫妻相处中男性而不是女性要有"话语权"、有"面子"，虽然有违于女性主义对男女平等的主张，但是其作为"常识"的现实性和影响力却不容忽视，显示出异性恋正统对霸权型男性气质及共谋型男性气质的推崇。婉彤丈夫对于"上门女婿"的排斥表明，婉彤娘家向小家的干涉构成了对他所谓的男子气概的威胁。

最后，Amy说"一掺和就复杂了""多少影响你们夫妻的沟通"，事实上，"伴随父母的关爱和关怀而来的过度干预和监管"被认为将会直接而普遍地引发夫妻冲突（阎云翔，2016）。就此，我们不妨回顾下前文有关"界限工作"一章中对界限以及"娘家介入"一章中对运动员的叙述，同婉彤与果果类似，小郭在娘家支持小家时，也会不时陷入夫妻关系与代际关系相角逐的亲密性竞

① 对效率的追求不应忽视文化的规范："中国家庭是一个合作式的团体，就是一个公司，追求的是利润。怎样得到利润？效率。怎么达到效率？纪律。所以，中国过去的传统家庭，即使夫妻也讲究的是相敬如宾、举案齐眉，讲的是要在情感上划清界限。任何情感上的表达都被认为是有违礼法。然后在两个代际也是这样。父亲要有威严，不能慈祥。"

争。反观小孙，她的婆家掺和小家时多责少权，重在"和"而非"掺"，所以小家和婆家的关系相对简单一些。与婉彤和果果不同的是，小郭与小孙的小家都在经济方面相对独立，这使年轻夫妻成为对小家有话语权和自决权的"股东"；相反，经济的投资则可能赋予父母的干预和监管以正当性，尽管这并不绝对。

小刘的事例与婉彤既有类似处，也存在明显的不同。

同婉彤一样，小刘娘家的社会经济地位高于婆家，对小家的投入亦多于后者。小刘父亲是某建筑公司的经理，她的公婆退休前则是县城的教师。小刘与丈夫是大学同学，两人在读书期间便确定了恋爱关系，毕业后通过小刘父亲的操作，他们进入了同一家公司，小刘工作于财务部门，丈夫则常年出差在外。小家的新居与娘家在同一小区，由娘家购买。

按照娘家母亲的说法，女婿很"精"，"开学时候填表格，他看她爸的职业是经理，人家就动脑子了，你看一毕业，婚结了，房子有了，工作也定了"。

小刘也很重视夫妻情感，其程度超过了代际间的亲密。与自幼被严格管束、对长辈更多顺从的婉彤不同，小刘因从小颇受宠溺，故常"没大没小"，"急起来还打爸妈"。这样的性格并不为婆家所喜，丈夫的妹妹在哥哥婚前便不赞同这门亲事，觉得小刘不好。小刘被溺爱还有一个实例：虽然在同一小区，但新买的大房子由年轻的小家两口居住，娘家父母则住在过去的旧房子中。

由于丈夫的工作性质，当他没有及时接起小刘的电话时，小刘便猜疑丈夫"在外面有了人"，夫妻俩常为此争吵。虽然娘家的社会经济地位优于婆家并以此自居，但是面对小家夫妻时常爆发的冲突，娘家母亲总是劝说女儿，要相信女婿是好的，对她"说他的好话"。

遗憾的是，笔者没有了解到小刘丈夫的想法，但小刘对配偶的在乎令人印象深刻。就此，似乎可以做出一个不那么过度的推论，即"那个在爱情关系上陷得较浅的人就处于一个有利地位"，小刘对夫妻感情的依赖给予"陷得较浅"的丈夫（至少从小刘的角度来看是这样）以优势，加之岳父母在维系小家时对女婿的支持，从而有助于弥合小刘夫妻的阶层差距，为丈夫在小家庭的尊严和地位提供保障。（个案编号：LC20181206）

这里可联系上文提到的小袁，据知情人介绍，"她总听她妈说婆家的不是，她也瞧不上人家"，可是，娘家对婆家的不满并没有导致小袁小家与婆家的可见冲突。至于小刘，娘家对女婿的认可也未能确保小家夫妻俩的和睦。即使对因娘家干预小家过度而濒临离婚的婉彤而言，她独立于父母的自主意识和积极经营小家的努力亦显而易见。由此我们可以判断：在娘家同小家互动日密的过程中，虽然娘家会履行亲职并施加亲权，但是年轻女性仍然在主持小家特别是建构界限方面占据了重要位置。

另外，小刘与婉彤的娘家对小家的介入都比较频繁和深入，但婉彤父母同女婿的敌对最终恶化了小家的夫妻关系，而小刘父母对女儿婚姻的帮扶则在尽力缓和小夫妻俩的紧张，可见娘家的不同意志、能力与策略等会对小家生活造成影响，也显示出娘家之于小家的重要。

在上面的案例中，娘家或婆家的家境都至少有一方优于小家，那么，反过来小家地位优越的情形，又会如何影响其同娘家的界限建构呢？

小李大学毕业后成了一名空姐，她的父母都是工人，退休后在外打工。丈夫初中即前往加拿大，大学毕业后方回国，现在在银行工作，其父母皆为政府部门的领导。小家的婚房由男方家购买与装修，逢年过节，婆家还会邀请小家及娘家一同聚餐，小李的娘家提到女婿和亲家总是赞不绝口，"哪儿都好"。

小李的小家、娘家和婆家同在一城，但并不频繁接触。偶尔丈夫出差，小李结束工作在家休息时，娘家母亲会去小家做些家务、陪伴女儿。小家的冰箱总塞满价值不菲的食物，它们一旦刚过期或是快过期，就被小夫妻俩扔掉了，小李的母亲笑说"真是浪费"，"年轻人，又不在乎"。

虽然娘家条件不如小家，但是娘家在日常生活中并不需要小家资助，即便小李把她的一张工资卡交给了妈妈，母亲也并不动用卡里的钱，钱最后还是由小李花掉了。她母亲表示因为"我们都有自己的退休工资，还在外面找着干的，不愁吃不愁穿，再说她花钱大手大脚，剩不下啥"，而小李有很多穿过几次便不穿的衣物，都给了母亲，外出归来时，她也会给父母带礼物等。对待娘家，女儿似乎总是贴心的，小李说她认识一户人家，常常是寡居的老母亲和三个女儿结伴去旅游，"就母女出去，从来不带女婿"。（个案编号：LXY20181006）

总结起来，优渥的经济地位和适当的互动距离，是小李的小家同娘家相处融洽的经验。值得注意的是，此两者具有相关性，实证数据表明，无论城乡，父代和子代的经济条件越好，同住的可能性越低（陈皆明、陈奇，2016）。同时，空间距离也会影响社会距离和心理距离，如小李表示："不想和公婆住一块，一个是生活习惯，另一个是住在一起矛盾多。和男方在丈母娘家住是一样的情况，所以就是谁也不用和谁妈家住在一块儿，为了看孩子，住上一两天没事，要是天天住就不行了"。

至此，我们会提问：小家同娘家在重构界限时，究竟是讲公平还是看性别呢？对此并不容易判断，以小倩的叙述为例。小倩这样说：

> 刘姐姐在结婚前，"'妈'长'妈'短的叫得特别热心"，结了婚，刘姐姐对婆家的态度却冷淡了许多，甚至连洗衣机都不让公婆使用。后来刘姐姐生了孩子，婆家给了她经济权，她对公婆的态度又好转了许多。那么，该如何理解刘姐姐的行为呢？小倩就此表示："可能是见钱眼开，也可能是做了母亲有了责任感，这个不好说。"（个案编号：XQ 20190326）

这启发我们：小家在与娘家重构界限时，公平交易和性别分工的逻辑可能交迭或交织运作，正如两者可以轮替或冲突一样。

二、"省心"的男性

虽然娘家是女性化的亲属关系，但是作为小家庭的一员，在娘家同小家建构界限时，男性的态度与认识同样值得关注。依据不多的调查信息发现，小家的男性面对娘家同小家的紧密互动，至少有两种迥然不同的看法。

一是反感者有之，如婉彤的丈夫认为娘家对小家的帮助便利了对小家的控制，因而需要一个对其言听计从的"上门女婿"。娘家对女儿的爱护、对小家的干预挑战了丈夫自认为是一家之主的男性气质，也为两家间的矛盾埋下伏笔。

二是接纳者有之，如志红的表述就体现了这一点：

"你和你妈在一块，他也清闲；要是你和婆婆在一块儿，天天吵，他是听他妈的呀，还是听你的呀，也是麻烦。索性娘家多看点，婆家少看点。"（个案编号：RZH181213）

在家庭一系列的变化中，"女性所起的作用极为重要，因为在每个起作用的女性背后，都有个'听话'的男性在配合"（阎云翔，2017），受访者对"听话"有两种理解：其一，"听话"体现了男性对夫妻关系的珍视；其二，"听话"是男性回避婆媳冲突的策略。无论哪种解释，当笔者了解小家丈夫的看法时，"省心"是最常见的回答。

男性"省心"的极端，是在前文有关"界限工作"一章中与娘家四姨重立界限的萌萌妈的丈夫，他在育儿时的"省心"更接近一种不投入、不操心的状态，在男性"省心"的背后，是女性的负担、独立与自主。

萌萌妈说："他就还了个房贷，他养他自己嘛"，"我们俩在一起十年了，可以说我基本上没有张嘴问他要过钱。我永远不可能让从他的嘴里说出来，'你是吃我的喝我的'这句话，所以我后面自己在家里就待不下去了，就觉着自己这样不行，会被人瞧不起；而且我花钱会有局限，我现在给我姑娘买，哗，我买一大堆，不需要问任何人，我支付得了。这种感觉，和你问他要钱去买，他会问你，你要买什么呀，那么贵呀，她有穿的你为什么要给她买呢？不一样。就算这些他没有对我说出来，但是他心里有疑问。"

问及丈夫对四姨抚幼的看法，萌萌妈表示："我也不清楚他怎么想的，这种事我也不跟他多沟通。他肯定不像我和萌萌亲，这孩子从生下来到两岁多，他一天都没有带过，因为长期不在一起，基本上都是我。可能因为老不在身边吧，所以他觉得比较容易，各方面都不需要花钱，但是我也没跟他提过，因为我自己可以承受得住，我也懒得和他提，我现在就没有其他心思，就一门心思想该去挣钱挣钱，该去奋斗奋斗，我谁都不靠，我靠我自己。"（个案编号：RHL180115）

作为对比，当小家同婆家来往更密切时，认为父母给予都是理所当然的男性十分常见，如前文所述，这易于引发"就应该"而导致的混乱界限。虽然持此立场的年轻女性亦不乏其人，但是同样的态度却因性别而分化出不同的结果，即婆家在小家的权威往往被降低了，而娘家对小家的影响却得到鼓励，何以如此？正如小袁所说"家里还是女的说了算"，小家同娘家、婆家两家的联结异质性应当与操持亲属网络的关系性工作被分配给了女性有关。

第三节　总结与讨论

依据调查发现，针对娘家同小家建构界限所引发的后果，可以总结出如下五点认识。

其一，娘家在亲属关系中的重要性。对传统女性而言，娘家是"后盾"一般的存在："盾"意味着娘家能够提供援助；"后"指"后台"，即娘家使女性能够释放在婆家不便表露的情绪；"后"还指"后备"，即娘家人往往在女性婚姻生活难以为继的情况下才做出干预。不同于这一由于不在"前台"故"后台"感强的娘家形象，伴随国家与市场变革等带来的家庭和人口变迁，特别是独生子女政策实施和再家庭化的趋势等，娘家在女儿经营小家的过程中扮演着越来越醒目的角色。

其二，建构界限的多态与一维。"清官难断家务事"暗示家庭生活千头万绪，莫衷一是。家庭并不跳脱出社会结构的塑造，故而公领域中注重公平的责权对等逻辑会渗入家庭生活①，导致物质取予（包括经济和服务）成为影响娘家同小家界限建构的一个重要因素，甚至娘家向小家提供的福利会引发两家地位的博弈与失衡。但从家庭内部来看，作为依赖权力之变量的感情、作为二分定式的性别规范、作为道德资本的付出或牺牲以及作为伦理期待的"就应该"规训，都可能抵消市场或阶层逻辑对于家庭过程的影响（当然也可能强化它），从而塑造出小家同娘家或婆家在往来时进行非交换活动的合理。这些家庭内外的法则构成了家庭生活的话语库，不同的成员会依据外在情境和内部需求，以展开对界限的建构。

在上述案例中，我们分别看到了责权一致与性别主义这两套规则的交叉或平行，包括性别规范基础上的责权对等（小袁家）、性别化了的责权对等（小赵家）、性别政治与责权对等的冲突（婉彤家）以及无关性别的责权对等（萌萌妈家）。这便是娘家同小家建构界限时的多态性的一个缩影，当家庭成员围绕不同的中轴，对不同要素赋予不同的权重时，便会使家庭网络的生活呈现出不同走向。

但无论具体情形如何，当家庭能够作为一个社会性的功能单元而有效、有序地运转时，我们便可据此粗略地认为，这样的家庭保持了平衡。"平衡"是

---

① 此外，阶层等级的存在也使家庭可能复刻带有区隔效应的差异化机制。

家庭过程研究的一个重要概念，指通过价值观念的指导，家庭在变化中所保持的稳定状态，娘家同小家建构界限的一维性即出于此。家庭的稳定意味着家庭生活的继续或者说家庭过程的进行，但平衡并非平等，界限混乱的小家和娘家或婆家也能够通过"就应该"等手段而使现实合理化，从而实现平衡这一维。生活中，平衡既发生在夫妻之间，如小李所说，"结了婚不是说你一个人，而是一个家，是你家、他家。自己的需要和家的需要都得兼顾，这两头都挺重要的"，也发生在亲子之间，如小袁所说，"老人们就是溺爱。比如孩子摔倒了，姥姥姥爷就赶紧过去扶，那咱们就是'自己站起来'，还是不一样。会说（父母），但是人家也不听（笑）。也不会多说，说得多了，他们也不高兴，就好像你被说得多了，也不高兴，就是换位思考"。

其三，界限建构时资源流向的代际与性别差异。当相互走近的小家同娘家存在社会经济条件的差距时，若娘家地位高于小家，则娘家向小家的倾注往往多于相反的情形[1]，前者甚至可用"不遗余力"来形容，这导致娘家对小家的介入不仅是在捍卫女儿的权利，而且在某种意义上也是在保障自身的利益。当然，这一"恩往下流"的事实亦见于小家同婆家之间。至于小家和娘家、婆家两家建构界限的差别，一方面，反映在养老的性别分化中，即相较于儿子，女儿对父母的生活与情感支持更多；另一方面，抚幼也因女性主持的缘故而更倾向于娘家。此外，比之于娘家，小家同婆家的联系更可能受到传统父家长文化的束缚。

---

　　① 例如，林阿姨曾患有精神分裂症，后已痊愈，但女儿生育后因担心姥姥会伤及外孙，故一直没有接她出院，而林阿姨对此也表示认可（个案编号：LZQ20190329）。再如，独身一人的李奶奶家在太原，儿子和儿媳在广州工作并安家、生子，儿媳的娘家在石家庄。最初儿子一家人计划，过年时先从广州飞往石家庄，住几日后再前往太原，但李奶奶说"我心疼我孙子，到今年才三岁，飞来飞去的太折腾了，而且他们回来都是什么快什么方便坐什么，再来我这儿得花不少钱。……再说我就一个人，我身体可好呢，能跑动"，于是每年春节，李奶奶都坐火车到石家庄，住在亲家附近的旅店中，与晚辈团聚几日，再返回太原（个案编号 LZY180201）。

其四，亲家之间的角力。在同小家建构界限时，娘家的兴起并不必然意味着婆家的衰落，两者的平等更可能引发彼此的较量，包括可见的实体层面的与不可见的象征性的冲突，两种矛盾彼此关联，有时"当人们为了物质（比如金钱、土地和货物）陷入严重冲突时，并不是因为它们在生活中有多么重要，而是因为人们可以用这种非常具体、可见的方式互相表明主导权"（古尔德，2017）。换言之，父权制的衰微破败导致娘家、婆家两家的相对地位模糊而不定，若彼此发生冲突，那么判定主导权的外在标准的缺失将使双方都没有让步的理由，从而使潜在的不确定性问题（谁在关系中占上风）暴露出来（古尔德，2017），因此，当同小家来往时，亲家之间的角力过程或许是转型期以流变为特征的家庭生活所无法回避的议题。

其五，娘家支持与否同女儿家庭地位的关系。作为女系化的亲属关系，娘家对小家的投资将会影响女儿的家庭地位，嫁妆便是一个生动的反映。例如，盛兴的厚嫁之风，就与嫁妆能够维护女儿"在婆家的地位和话语权"有关（罗慧兰、王向梅，2016）；再如，当宗法制对娘家、婆家两家地位阶序的划定不再具有合法性，娘家也拥有了更大的可能与更灵活的策略去参与亲属结群时，农村不断上涨的嫁妆即反映出娘家在争取同小家的联系以及同婆家的平等乃至反超，这是沿用、拓展传统的文化与社会资源来谋划姻亲秩序的重要途径（吉国秀，2007）。

但事实或许并非如此简单，根据上文的分析，我们可以将娘家、婆家两家对小家的支持与女性的家庭地位列出，如表 6 - 1 所示。

表 6 - 1　长辈支持对女性家庭地位的影响

	娘家支持	婆家支持	女性家庭地位
小薄的表姐	-	-	-
小纪、小袁	+	+	+

	娘家支持	婆家支持	女性家庭地位
小赵、小李	-	+	+
婉彤	+	-	-
小刘	+	-	+

注：在第二、第三列和第四列中，"＋"表示向小家提供了支持，"－"表示没有向小家提供支持，小李的特殊性在于为突出婆家的支持远超娘家，故对其娘家支持以"－"表示；对女性家庭地位（包括在小家的夫妻关系和在娘家的代际关系中）的判断综合了受访者的陈述和笔者的粗略理解，"＋"表示地位平等或较高，"－"表示相反的情形。需要说明的是，这一表格只能作为探索性的分析，各项目的内涵与操作化尚不精确。

表6-1中呈现的结果似乎很让人沮丧，因为我们很难从中归纳出模式或规律，但或许表格所体现的多态与灵活，正是娘家同小家建构界限时的关键特征。娘家的兴起与独生子女的重要性和对婆家的传统期待等交错参差，各种要素在具体情形中博弈，导致了女性家庭地位的不定，却都可能制造出娘家同小家建构界限时的平衡。

第七章　结论与讨论

家庭是人类生殖和维持物种存在的基本单位，它是人类社会组织的单位，人们就是根据它进行这些至关重要的生物活动或者不断发挥这些至关重要的生物功能的。所有诸如氏族或者国家这样的、较大的人类社会组织单位或者人类社会组织形式，最终都是建立在家庭基础上的，并且都（无论直接地还是间接地）是从家庭发展出来的，或者说都是家庭的延伸。

——乔治·H. 米德

人们为适应国家权力造成的快速变迁，常常要借助于对传统智慧的创造性运用、对现存的关系网络的强化利用，结果人们对家族的依赖反而有可能加强。

——赵力涛

社会区分（social divisions）永远是倾于发挥文化的作用及拟出新的作用，而作用也永远是倾于附属以已存的社会单位及创造新的单位。

——林惠祥

这一章是对全书的总结与讨论。在前面的章节，我们依次讨论了娘家研究的演变脉络，以及娘家同小家重构界限的基础、过程、语境和后果。独生子女政策急遽地促成了大范围且突发性的生育转型，传统家本位文化则得到公领域之压力和风险的动员及重塑，如此人口与家庭的变化即少子化和再家庭化，使娘家在亲属网络中变得重要，密切了娘家同小家的互动。"界限"作为标识互动之资格、规范与过程等的符号，成为全书的核心概念，本书研究的问题在于：受国家与市场等的影响，女性在操持小家时将如何同崛起的娘家重构界限，以及为何。以此来理解转型期的家庭生活特别是女性遭际。

第一节　回到"初心"："子宫家庭" "娘家""我妈""我家"

首先，我们将回到"初心"，再次在娘家研究的框架中审视娘家的意义。本节将以娘家指称的演变——从"子宫家庭""娘家"到"我家"为线索，来理解娘家内涵的流转。

一、回溯："子宫家庭""娘家"

海外汉学研究提出的"子宫家庭"概念，被视作较早的对女性主位视角下的娘家的有意识关注。在父权制社会中，"子宫家庭"出现的前提在于公共空间的排斥使家庭成为女性唯一合法的活动中心，"子宫家庭"作为"女人的世界"，将沿着女性的生命历程而建立、扩张并消失。出嫁前，女性的"子宫家庭"包括其母亲与兄弟姐妹，但排除了可能是"敌人"的父亲；随着出嫁特别是生育子嗣——这是孤独的嫁女在被认为是危险的外人的夫家取得归属的方式，并且与夫家新陈代谢的继嗣目标吻合的完成，已婚女性开始构筑以自己为核心的"子宫家庭"。年岁渐长，辈分改变，当女性的孙辈也加入其"子宫家庭"时，这一网络的范围几乎与家户成员完全重合。"子宫家庭"主要体现了以母亲或祖母为原点所生发的家庭凝聚力，它是特殊而坚韧的女性化纽带。为躲避男性家长无可置疑的权力与权威，女性将通过对子代的保护来培养后者的感激之情，因而对母亲/祖母的喜爱、尊重、信任和友善，就是"子宫家庭"的现实表达。

不同于以男性为中心、囊括所有家庭成员并延及后世的宗族亲属体系，在女性本位的视角下，"子宫家庭"在联结前人与后辈的世界时是不连续的，它是基于女性需要和能力的暂时性存在。这表明，"子宫家庭"没有意识形态的支持，没有正式的结构，也没有公共性的地位，它"附属在父系亲属结构系列之中"（李博柏，1992）。作为女性积极营建的家庭认同，伴随她的人生阶段从女儿、母亲到祖母的更替，"子宫家庭"也在变换着其构成，它以情感和忠诚为基础，并随成员的死亡而萎缩与不见。"子宫家庭"展示了父权社会中女性的亚文化①，可用来解释婆媳矛盾的无可避免，即同为女性，同样有建立"子宫家庭"的需求和条件，所以儿媳对家事最轻微的涉足都会被婆婆视作对她数年来艰辛与隐忍付出的大规模摧毁，而孙辈的降生进一步复杂化了婆媳关系，因为她们都想将之纳入自己的"子宫家庭"中。

既然"子宫家庭"的出现离不开父权制这一特定的社会性条件，那么当后者发生变化时，"子宫家庭"无疑也会做出应对。Wolf 观察到，中华人民共和国成立前后成婚成家的乡村母亲，对于"子宫家庭"有着比城市年轻女性更为迫切的需求，她据此推断，改革开放后独生子女政策的实施、养老保障体系的建立以及男性特权的式微、夫妻关系的改变等，将会影响女性对丈夫和孩子的态度，并终将导致"子宫家庭"的不复存在。

---

① 之所以只是"亚文化"，是因为嵌入在男性统治体系内的女性的依附性，注定她们无法彻底地逃逸出去。

"子宫家庭"的概念类似本土话语的"娘家"。朱爱岚指出，在传统的宗法社会，娘家与婆家虽然分列亲属关系的两翼，但是两者的地位却互补而不对称，嫁女与娘家的往来是正统模式之外的习惯，对父权制家庭发挥了服从、补充、稳定的功能，具有分散、灵活（表达为"看情况而定"）与非等级制、相对平等的特点。

不妨对"子宫家庭"与"娘家"两个概念做一辨析。就内涵而言，两者都是为父权制度所边缘又对其具有潜在正功能的现象，作为"安全阀"的它们都是女性婚后主动建造的亲属支持网，体现了受男性统治剥削的女性主体对现实的策略性适应。不同点在于两者的构成，"子宫家庭"主要是"向下"的，指女性与自己生育的后代的联系；"娘家"则是"向上"的，指妇女与出生家庭的父母和兄弟姐妹的联系。

虽然作为强调女性经验的主体性研究范式[1]，对"子宫家庭"和娘家的关注凸显出妇女的能动性与创造性——正是女性在日常生活中的主持使亲属关系实践性别化，但是不应忽略"子宫家庭"和娘家对妇女既保障又剥削的悖谬效应，女性对父权制度的撬动最终服务或者说巩固了它，这体现在金一虹（2015）的研究中：

（"子宫家庭"或娘家）既是女性在父权制家庭内关系争夺资源的博弈，也是女性对父系制规则和意识形态的利用——实际上女人倾情投入对男性子嗣的照顾劳动和情感劳动，是符合父系家族传续的根本利益，也是符合一个父系制家庭关于好母亲标准的；女人越是尽心尽力扮演这个工具性的角色，越有可能在现实中得到较稳定的地位和未来的保障（仅仅是可能）。我们可以说，妇女是在利用父系制意识形态对母亲角色的期待，来赢得自己有利的位势，但为

---

[1] 主体性研究范式"强调女性并不全是出于适应性生存，而是在各种条件下都会利用父权制的缝隙创造一个能动空间来获得主体性，并形成从内部解构父权制体系的力量"（金一虹，2015）。

什么不可以说，是父系家庭利用了女性争夺父系家庭内的资源的需要？在父系家庭内，媳妇不具备丈夫因男性子嗣身份而天然拥有的资源。

作为"家内有家"的女系亲属，对"子宫家庭"和"娘家"的发掘启发我们在理解传统社会中的妇女时，需要将视线投向与父系宗族相对的日常而细微的家庭生活，而有关这一观点的明确阐释，至少见于男性人类学者——莫里斯·弗里德曼（2000）的论说：

在结构上，作为一个整体，从家庭到宗族的所有单位是男性的，然而妇女连接着他们。但在这方面，家庭和更高的亲属单位之间有重要的区别。在家庭中，妇女的活动与功能显得与男人一样重要。一旦我们超出家庭单位来看，妇女的正规角色则消失了，而且她们的非正规角色似乎相对不重要。只有当她去世的时候，作为一个妇女，以祖先灵牌的形式获准进入祠堂。在宗族的支配下，只有她丈夫或儿子说话的权利，而她没有。因此，当我们讨论家户和家庭的时候，我们不能不考虑妇女的重要性。

祠堂举行的仪式由男人主持，由男人参加；他们的女儿和妻子不直接参与仪式的过程。相反的是，在祖先崇拜方面，无论在理论上女性的地位如何低下，她们在家里表演的仪式中则占中心的地位。她们照料家里的神龛，而且可能完成每天的燃香仪式。假如海外华人的习俗确实是某种导引的话，那么，正是女性主要负责家庭的祖先祭祀仪式，纪念祖先的忌日，在必要的时候向祖先祈祷。汉人的祖先崇拜并不仅仅通过人作为媒介来实现，家庭的任何成员都可以以祈祷者的身份向他们说话。但是，家庭的女性长者可能是死者和家庭成员之间联系的主要渠道。当然，女性向其丈夫的而不是自己的祖先祈祷，但是，她们表演仪式的神龛，在适当的时候将建立她们自己的牌位，由她们的儿子和媳妇来供奉。……家祭的对象是生活中熟知的逝者，而宗族较高裂变单位在祠堂的集体行为，体现出社区的权力和地位之结构。

女性在家庭与宗族中的不同角色表明，注重仪式性和象征性的宗族无视女性或使之遁形，因为对父系祭祀缺乏意义，所以女系的亲属关系"缺少严格规范和不被重视"（许烺光，2001），但家庭的维持则离不开女性的参与甚至主持，她们会在现世中能动地创建、争取和享受"女缘"的保障、庇护与声望。

与家族—家庭的两分类似①，丹尼尔·哈里森·葛学溥（2012）也在相对于宗教家庭的经济家庭中，观察到了女性的作用："与宗教家庭相反，经济家庭无论在实践中还是理论上都给妇女一定的地位。在较贫困的家庭，她们是生产者和家庭收入的贡献者，并被认为是重要的成员。甚至女孩也是重要的生产者，因此当她出嫁时需要物质的补偿。"

上述发现质疑了以男系宗族为单一对象之研究的性别盲视与偏见，有助于女性挣脱男性本位范式下缺席的"他者"身份和失语的空洞能指。

二、前瞻："我妈""母子家庭"

伴随理论与现实的双轮驱动，今天我们几乎已无须在"妇女何在"这一问题上停留或纠缠（萧凤霞，1996），娘家的兴起和娘家研究的涌现印证了这一点。笔者在调查时颇有意趣的发现是，年轻的女性受访者都对"婆家""娘家"一组词汇怀有陌生与不适，多代之以"我妈""我老婆婆""他家""他/她奶奶"等称呼。这一事实涉及范畴和关系的区别：范畴（"婆家""娘家"）把整体划分为不同的部分，关系（"我妈""他家"等）是从个人角度对他人

---

① 有关家庭与宗族的不同，金一虹（2015）指出，"家庭是由血缘、姻缘关系联结起来的初级群体，而且是一个因面对面接触、成员较少，有着频繁互动的初级群体"，而"汉族的宗族是同一父系血缘下的家族集合体，它既是血缘为主的亲属团体，又是聚族而居的地缘单位，还兼有血缘、地缘、利益三者的全部社会组织原则。这个超级的家族集合体一旦形成，也必然伴随而生成家庭、家族所没有的功能"。也就是说，"宗族强调共同的祖先、男系血缘的嫡传，按辈分排列长幼次序。家，一方面是传宗接代过程中的一个环节，另一方面是一个共同生活的消费单位"。

的定位①（麻国庆，2008）。虽然为突出不同家庭单位的差异，本书仍然使用"娘家""婆家"作为代称，但是"我老婆婆""他/她奶奶"等的变迁意义不应被忽视：其一，从范畴化到关系化的语言学现象折射出社会的转型，即见家庭不见个人的家庭主义弱化，个体特别是女性的权利和意志得到了声张。曾经，作为父系亲属格局的构成，"娘家"是边缘化的亲属关系，"婆家"则正式并重要得多，而"我妈""他妈"等指代反映了亲属关系的平等化以及女性家庭地位的提高。其二，独子独女户的增多使娘家、婆家两家的指涉范围收窄，对于大多数组建婚姻家庭的"80后""90后"女性而言，"娘家""婆家"就等于各自或配偶的父母。其三，作为修饰的"我"和"他"表征言说者所认同的与对方的关系，隐晦地传递出情感的亲近或淡漠，再现了不同家庭与不同成员间的心理距离。

娘家、婆家两家称谓的转变还体现在另一方面。据一位年轻受访者的母亲介绍，在她曾经生活的农村地区，婚后儿媳对公婆必须改口叫"爸""妈"，但女婿对岳父母却可以一直呼作"大妈/婶婶""大爷/叔叔"，也就是说，身为儿媳妇的女性是不被允许不视公婆为父母的，至少在口头表达方面是这样，对男性则不然，"这不就体现了男女不平等吗？不重视女方，连着女方的家庭"。此一现象与今天年轻夫妇对双方父母的称呼形成了对比，可作为娘家、婆家两家关系对等化与夫妻关系民主化的注解。

过去人们的经历往往符合预先确定的标准样式，如今机会空间的拓展丰富了选择的可能（这样强迫性的自由是现代性发展的必然结果）（齐格蒙特·鲍曼，2002），娘家和小家从疏离到亲近的变化就是如此。由于Wolf强调"子宫家庭"源于女性对男性的经济依赖，因此她做出了"子宫家庭"会伴随女性经济独立等而消弭的判断。今天，一方面有研究通过强调女性对家庭情感联结

---

① 两者既是通行的分类方法，也是"伦"的特殊构成与运作（麻国庆，2008）。

及微观权力的有意识运作来继续"子宫家庭"的解释力；另一方面也有分析将视线转向了女性"自足"并"仰赖女性网络支持"的"母子家庭"，这或许可视为"子宫家庭"在现代社会的对应（卡斯特，2006）：

> 对异性恋女性而言，这些"母子独立空间"有时会有男性加入，但如果这种加入影响了孩子，成为母子关系疏离的主要原因，男人就会被放到一边。当父母亲年纪大了，女儿变成母亲，这样的关系仍然会被再生产出来。当母亲成了祖母，她们对待自己的女儿和孙子的态度，会进一步强化这个支持网络。这并不是一个性别分裂的模型，而是一个能够自足的女性中心模型，在这个模型中男人只是附属物。……该模型要想在社会层面上成为一个广泛的自足的女性独立模型，就必须弥补这些不足，即子女照顾、社会服务、女性教育和工作机会。

无论"子宫家庭"还是娘家，都是具有时代感的词汇与现象。娘家研究注意到家庭生活依性别分化、在情境中开展的现实，体现出女性主义对女性经验的重视，揭示出家庭生活的灵活与复杂，并推动了亲属关系研究的个人转向和实践转向。

第二节 作为动词："家庭"和"性别"

如前文有关"演变梳理"一章所述，作为女系化的亲属关系，娘家研究可从女性和家庭两种视角去开展。这一节将在重新审视"家庭"和"性别"概念的基础上，来理解娘家同小家的界限重构。

其一，从全球视野看，家庭衰退论的流行并无法消解掉家庭的韧性[1]，家庭是因应社会变迁的策略性单位，表现出日益增长的多样性与流变性[2]。娘家同小家重构界限时，经由家庭制度型塑所表现出的权力关系的多重、划界形态的多元以及现实后果的多样，都反映了家庭的灵活和复杂。

这启发我们，"家庭"具有动词的指向，人们通过一系列的实践来"做家"（do family），而不仅仅在静态的意义上"是家"（being family）（Morgan，1996）。观照本土，在国人的期待中，"做家"不同于"成家"，成家通过公共仪式而成为生命历程中的一桩事件，宣告了"是家"的诞生，但婚姻的社会性缔结并不意味着成家的完成；相反，个体成为一个家的序幕至此方开启，小家同娘家界限的建构就是双方家庭在动态的"成"的演进中所要应对的，而且这一"成"的过程受到了国家的干预[3]，也就是说，界限建构是在结构限制与即兴策略之间生成的生活艺术，娘家同小家的界限再造充满了可能和张力。"成家"的提出，强调对家庭生活过程（包括对界限的厘定、调整、认同与维系等）之动力学的考察。

然而，在方法论层次将家庭作为动词去理解的学术自觉则相对有限，虽然具体的实证调研并不缺乏，但是本书认为，家庭过程理论在某种程度上可以弥补这一缺憾。鉴于西方已有关乎家庭过程的颇多研究，此处拟对家庭过程理论

---

[1] 老人照料需求的无法满足和女性就业对家务劳作提出的挑战，是家庭衰退论盛行的两个推力。

[2] 理解家庭的多样与流变需要先思考一个前提，即我们是在什么意义上谈论"家庭"的。家庭既可具象化为能够观察到的实体，也体现在不可见的关系和观念中。例如，上野千鹤子（2004）认为家庭的变化发生在意识和形态两个层面，在转型期会出现意识传统型·形态非传统型和意识非传统型·形态传统型等家庭类型；再如，吉利斯区别了生活（live with）的家庭和居住（live by）的家庭，前者指家庭成员的日常互动，并通常游离于社群与文化指定的规范之外。不论从哪个角度来看待家庭，我们都会发现，"家庭结构、性别角色与性取向、多元文化、社会经济状况以及生命周期模式等方面的多元化和复杂性逐渐增加"，从而引发持续的家庭转型（沃希，2013），这导致以单一标准（如核心家庭模式）去衡量不同类型的家庭失去了现实根基。

[3] 在亚洲，特别是东亚地区，家庭在福利供给中的角色始终是政府在制定家庭政策时特别予以强调的文化传统。

做一个简单介绍，或许它的内涵能够为理解转型期的本土现实有所助益。

检索当前有关家庭的社会学研究成果，围绕家本位、现代化和个体化者很多，传统家文化的延续与现代性或个体化力量的改造轮番成为家庭分析的流行论调，然而不论"非此即彼"或"亦此亦彼"的判断，都难免陷入线性史观和二分图式的窠臼，如果我们能够转换方向，从形式而不是内容的角度考察，那么家庭过程理论（Family Processes）便提供了检视家庭结构与家庭关系的新范式。

家庭过程理论尤其活跃在社会工作和心理学等领域，社会学对家庭过程理论的应用以定量研究居多。粗略地说，家庭过程理论不同于那些强调结构的或人口学式的宏观统计以及观察具体态度和行为的微观测量（Day et al.，2009），它探讨的是包括交流互动、解决难题、分配资源、做出决策等过程在内的家庭生活的构成要素、动态机制与模式表现（Day，2010）。

那么家庭过程究竟是何物？学者对此莫衷一是。有强调主观者，认为家庭过程指将个体联结在一起的共享的家庭认同；有重视客观者，主张家庭过程是成员为达到家庭目标所采取的行动策略及结果；有关注往来者，强调家庭过程是具有旨在保持平衡的动态特性的互动；还有聚焦关系者，视家庭过程为家庭成员彼此以及家庭与外部环境建构联系的机制（Day et al.，2009）。比较来看，第一个定义着眼于家庭生活的精神层面，略显狭窄，中间两个定义则只突出了家庭生活的某一方面，显然最后一个的视域更为开阔，该定义契合了家庭过程的系统观、社会嵌入性与发展视角等内在品质（下文详述），因此更加可取。在此概念的基础上，兰德尔·戴等（Day et al.，2009）界定了家庭过程包含的七个领域：常轨和仪式、吸纳、保护、管理、教养/社会化、照料、供给，其中，前两个要素分别指涉时间—事件和空间—关系，后五个则属于功能性的分类。综合已有定义的内涵与外延，我们可以归纳出家庭过程理论所关注的家庭过程的如下三个特点：

（1）系统观。家庭过程视家庭为一个有机系统的动态开展，"依赖于生理、心理与社会因素的交互作用"。家庭既非个体本位，也非机械运行，而是在作为一个具有自我指涉性的系统（self - referential system）发挥着其功能，这一特点决定了考察家庭过程时，可以从不同家庭单元的关联、个体家庭角色的集合以及家庭与环境的交互等方面进行。

（2）社会嵌入性。家庭被理解为一个半封闭系统（Day et al.，2009），"半"暗示家庭能够"关起门来"，却并非空中楼阁，它是植根于具体时空坐落的相对独立又深嵌其中的社会建制，因此理解家庭过程时需要挖掘其所蕴藏的文化与结构等信息。家庭的遭际关联着经济机会、社会地位、等级制度和教育分层等事实（Moen and Wethington，1992），家庭过程既不是个体意志的简单加总——是社会提供的资源与限制以及人际间共识与权力的合力产物，也不是结构操控的无意识傀儡——是在特定的机会、约束、需求、规范和期待中做出的调适。社会嵌入性的特点表明家庭过程理论的认识论基础并非接近自然科学的有机体类比，家庭过程也不是生物学意义上自然演变的新陈代谢（Clavan，1969）。

（3）发展视角。家庭过程强调以发展的眼光看待家庭生活，关注家庭的动态变化，相信家庭为保持平衡（equilibrium），会生发出不同的应对机制和多元的适应策略（Day，2010）。家庭过程中，家庭成员在转折点做出的抉择将型塑其日后的机遇（Clavan，1969），由此衍生出两个概念，即（在绵延的时间流中铺开的）轨迹（trajectory）和（家庭成员相互影响的）连锁（inter-locking）（Day，2010）。

在上述三点的基础上，家庭过程理论表现出现实性的品格，它"聚焦于家庭处理家庭事务的状态（how）而非因果（why）"（Day，2010），目前流行在定量分析和家庭治疗两大领域，而相对忽视了定性方法的运用，这也成为本书期望有所裨益的领域。

　　家庭过程意蕴的丰富使家庭过程理论成为考察家庭的有效工具。为深入理解家庭过程和家庭过程理论的旨趣，不妨将之与两个相关的议题，即家庭结构（family structures）和家庭策略（family strategies）做一比较。

　　家庭过程和家庭结构是相互定义与建构的关系。家庭过程中产生了家庭结构，家庭结构是家庭过程的产物和媒介。Amato（1993）指出，研究家庭过程时不应放弃家庭结构，因为家庭过程与家庭结构是互补的，后者创设了约制和推促前者的机会空间，家庭结构发生的剧烈变化会改变家庭过程（如核心家庭的破裂将影响子代未来生活），因此对家庭结构的忽视可能导致家庭过程研究的碎片。

　　家庭策略的洞见也会启发对家庭过程的分析。家庭策略指面对社会变迁、结构限制和压力事件等时，为提高家庭生计方面的或象征性的利益，家庭成员所做出应对的决策过程与时机，其中不乏权力以及冲突。家庭策略研究深化了对个人、家庭和社会之间相互关系的理解，它关注家庭层面的集体行为，突出家庭在面对机遇和挑战时的创造性行动者（creative actors）角色，并强调时间累积的作用，在西方尤其活跃于家庭史领域（张永健，1993；樊欢欢，2000；赛汉卓娜，2014；麻国庆，2016；Moen and Wethington，1992；Kok，2002；Judd，1989）。从实证研究的角度看，家庭策略是一个敏感性概念（sensitizing concept），尽管面临着概念化与操作化的困难，这些难题在家庭过程研究中也会出现，包括分析层次（宏观还是微观）、分析单元（家庭、家户还是个体）和实际测量等（Moen and Wethington，1992；谭深，2004；赛汉卓娜，2014）。家庭策略可被视作家庭过程的一个部分，家庭策略分析对家庭单元的主动性和家庭生活变化的重视启发了家庭过程研究，而家庭过程研究的构成和视域则大于家庭策略研究。

　　概言之，作为研究对象和分析视角，家庭过程理论长于洞察历时性的演变以及共时性的社会、家庭与个人的互构。本书以家庭过程理论为指引，考察小家同娘家之间界限的重构，就是从系统的、社会的、动态的视角出发，去揭示家庭生活中充满整合与分离、变化和稳定等张力的实际。

其二，今天的娘家与婆家已不再能够涵括女性一生的主要亲属网络和生活范围，但两者仍然可能对女性的性别角色扮演产生影响。本书关注的女性群体（这并不意味着女性是一个单一、同质而固定的集合体）在重构小家同娘家的界限时，会面临女儿、妻子、母亲、儿媳、自我乃至侄女等多重身份的期待和实践，这些角色可能相冲突（如竞争性亲密关系），可能相互利（如界限工作中的合和），也可能相并行（如家庭权力的丛簇）。

这表明，"性别"既是个名词，指称男女群体及他们之间的社会关系；同时，"性别"的动词意涵强调性别内部及之间通过与其他因素交叉而不断再生的实践，作为动词的性别有助于我们去理解每一个现实的、稀松平常又努力生活的、嵌入在社会中的女性。在女性本位的娘家研究中审视小家同娘家界限的重构，我们看到了一个抽象的"女性"名词通过各种实践而演绎着女性的动词形态，譬如女儿是性别与代际相遇的结果、儿媳是性别与姻缘互渗的产物，而且性别还会与文化程度、阶层地位等交叉，对女性经历的家庭过程施加影响。

娘家同小家的界限重构展示出女性如何"带着镣铐跳舞"，"镣铐"特别指带给女性压力的"镶嵌照顾工作的特定政策逻辑与文化脚本"，即照顾体制（care regime）；"跳舞"则隐喻女性积极筹谋亲属结群来成家的能动性，从中亦可见娘家对于女性生活和生命的意义。

第三节　家庭平衡与（女性）主体性：孰轻孰重

从社会学角度看，每个个体都不是抽象的存在。娘家研究的发现表明，家庭的归属、职业的期待和自我的实现等，都会具体化现实的压力或动力，并落实在他/她对家庭平衡的制造和对主体性的追求过程之中。

娘家研究揭示了对女性而言，"主体性与家庭平衡孰轻孰重"这一问题的重要性。社会决定论与意志自由的关系是一个历久弥新又难以得到确切回答的议题（彼得伯克，2010），家庭平衡与女性主体性孰轻孰重的争执，即可视作该提问的具体化与性别化之反映。与我们熟知的工作与家庭冲突不同，一方面，主体性与家庭平衡的张力更抽象也更宽阔地触及了本体论的问题，即女性究竟是"为他/她"还是"为我"；另一方面，两者的矛盾又是女性在日常世界无法回避的实践性论题。正如我们在前文看到的，主体性和家庭平衡的博弈并非只存在"你死我活"这样唯一的对立或零和状态，而是有着更加多样的可能：女性可以将平衡的制造理解为主体性实现的一种方式，也可以在张扬主体性的时候把家庭平衡作为一种手段。反过来，家庭平衡的实现也可以构成对女性主体性的剥削。

在娘家同小家之间所重构的新的中国式准组合家族模式（庄孔韶，2000）中，面对"（女性）主体性与家庭平衡孰轻孰重"的问题，不仅见仁见智，而且需要审时度势。虽然我们无法对此给出明确的解答，但是在此过程中，对于权界意识的明晰十分重要。

娘家同小家互动时所建构的界限包括客观与主观两个方面，在前文有关"界限工作"一章曾对家庭观念有所讨论，作为家庭观念的一种，界限的主观表达即家庭中的权界意识。所谓"权界意识"，顾名思义，是指个体在界限中对于权利的确认（陈周旺，2009）：

即认识到任何一个人都天然地拥有一些基本的、人之所以为人所必须具备的权利，它们不能以任何借口加以剥夺和侵害；相应地，它们也要求形成这样一种心理强制，即相互承认彼此拥有的基本权利，强制自己恪守权界，不去侵害他人的合法权益。

　　个人如此，家庭亦然。娘家同小家之间距离恰当的权界意识会使家庭成员都受惠于此；反之，虽然家庭在市场化时期的脆弱性与互赖性使追求自利的子代与注重义务的长辈能够合谋出两家的合作，但是双方权界意识的不清却注定这样的往来是失衡而难以持续的，比如育儿时小家可以动用婆家的支持，待养老时婆家却可能困于小家的排斥。显然，在家本位文化和再家庭化形势的合力下，权界意识的形成与实现并非易事，而且置身多元的家庭实践和性别实践，有关恰当的权界意识即界限建构的主观的"度"也难以达成共识，本书无法对此给出统一而标准的解答，但小家与娘家等之间的界限建构应当如何开展、实际又是怎样，正期待着更多的实证调查和研究发现。而这其中，权界意识的明晰往往不是一个"有没有"的选择，而是一个"好不好"的事项，它值得每一个家庭中人与社会中人细细思索，并理性行事。

　　书稿撰写至此，不代表观察与思考的结束。在笔者的身边和阅读的文献中，可以看到有关娘家崛起的许多现象，比如蔡玉萍、彭铟旎（2019）发现，在流动的迁移家庭中，娘家同样越来越多地参与进小家庭的运转和决策中；再如，笔者观察到女性在安排隔代抚幼时，也表现出亲近娘家以履行母职的倾向。此外，王倩楠、何雪松（2020）认为，娘家正成为外嫁女回报的对象，并见证了新宗族主义的兴起。

　　应该说，娘家崛起作为洞察当代中国家庭生活和女性处境（乃至男性家庭角色）的入口，具有相当的代表性与典型性。娘家研究综合了家庭社会学和性别社会学两类学科的优势，也统筹了父权制、现代化（压缩的现代性）、个体化和新自由主义等时代话语体系，这既对研究者的知识储备提出了挑战，也展示着这一研究的想象力与生命力。在今后的学术生涯中，笔者将继续充实自己，在娘家研究这一领域中取得更多的进展。

附录　受访者信息

序号	受访者	性别	年龄（岁）	职业	小家与娘家是否同在一市
1	魏阿姨	女	53	已退休	是
2	秀娟阿姨	女	54	已退休	是
3	吴阿姨	女	55	已退休	是
4	尹阿姨	女	51	已退休	否
5	南杨	女	28	幼儿园教师	否
6	南杨母亲	女	55	已退休	是
7	小郭	女	31	工人	是
8	小郭母亲	女	54	已退休	是
9	小孙	女	35	律师	否
10	马叔叔	男	65	已退休	—
11	萌萌妈	女	30	参观经营者	是
12	萌萌四姨	女	50	已退休	是
13	婉彤	女	28	全职妈妈	是
14	婉彤丈夫	男	28	企业职工	—
15	秦奶奶	女	63	已退休	否
16	赵奶奶	女	70	已退休	是
17	柴奶奶	女	70	已退休	否
18	葛阿姨	女	54	已退休	是

序号	受访者	性别	年龄（岁）	职业	小家与娘家是否同在一市
19	章阿姨	女	52	已退休	是
20	武阿姨	女	56	已退休	是
21	金阿姨	女	60	已退休	否
22	刘阿姨	女	51	已退休	是
23	张阿姨	女	48	会计	是
24	李叔叔	男	64	已退休	—
25	小宋	女	34	工程师	否
26	小纪	女	29	会计	是
27	小袁	女	31	工人	是
28	小赵	女	34	公务员	是
29	小刘	女	26	企业职工	是
30	小李	女	26	空中乘务员	是
31	志红	女	29	企业职工	是
32	高奶奶	女	78	无工作	否
33	小薄	女	27	学生	—
34	元宝妈	女	31	企业职工	是
35	欣欣妈	女	30	全职妈妈	否
36	牛牛妈	女	35	企业职工	是
37	小倩	女	41	护士	否
38	林阿姨	女	58	已退休	是
39	李奶奶	女	62	已退休	否

参考文献

艾华：《中国的女性与性相：1949 年以来的性别话语》，施施译，凤凰出版传媒集团，江苏人民出版社 2008 年版。

安德烈·比尔基埃等：《家庭史》，袁树仁、姚静、肖桂译，生活·读书·新知三联书店 1998 年版。

安东尼·吉登斯：《现代性与自我认同》，赵旭东、方文译，生活·读书·新知三联书店 1998 年版。

安东尼·吉登斯：《现代性与后传统》，赵文书译，《南京大学学报（哲学·人文科学·社会科学)》1999 年第 3 期。

安东尼·吉登斯：《现代性的后果》，田禾译，译林出版社 2001 年版。

安东尼·吉登斯：《亲密关系的变革》，陈永国等译，社会科学文献出版社 2001 年版。

安东尼·吉登斯：《社会理论的核心问题：社会分析中的行动、结构与矛盾》，郭忠华、徐法寅等译，上海译文出版社 2015 年版。

彼得·伯克：《历史学与社会理论》（中译第 2 版），姚朋等译，上海人民出版社 2010 年版。

彼得·M. 布劳：《社会生活中的交换与权力》，李国武译，商务印书馆

2008 年版。

布迪厄、华康德：《反思社会学导引》，李猛、李康译，商务印书馆 2015 年版。

蔡玉萍、彭铟旎：《男性妥协：中国的城乡迁移、家庭和性别》，生活·读书·新知三联书店 2019 年版。

陈东原：《中国妇女生活史》，商务印书馆 2015 年版。

陈飞强：《女性家庭权力及其影响因素的实证分析——夫妻相对资源的视角》，《湖南行政学院学报》2015 年第 3 期。

陈映芳：《国家与家庭、个人——城市中国的家庭制度（1940—1979）》，《交大法学》2010 年第 1 期。

陈映芳：《行动者的道德资源动员与中国社会兴起的逻辑》，《社会学研究》2010 年第 4 期。

陈弱水：《试探唐代妇女与本家的关系》，《中央研究院历史语言研究所集刊》1997 年第 1 期。

陈苇、冉启玉：《构建和谐的婚姻家庭关系——中国婚姻家庭法六十年》，《河北法学》2009 年第 8 期。

崔应令：《柔性的风格：女性参与建构社会的实践逻辑》，中国社会科学出版社 2011 年版。

丹尼尔·哈里森·葛学溥：《华南的乡村生活：广东凤凰村的家族主义社会学研究》，周大鸣译，知识产权出版社 2012 年版。

迪马吉奥·鲍威尔：《组织分析的新制度主义》，姚伟译，上海人民出版社 2008 年版。

刁统菊：《姻亲关系之于家庭组织的一种影响》，《民俗研究》2007 年第 2 期。

刁统菊：《回娘家习俗与嫁女身份的转变兼论民俗文化的协调功能》，《西北民族研究》2010 年第 4 期。

刁统菊：《不对称的平衡性：联姻宗族之间的阶序性关系——以华北乡村为例》，《山东社会科学》2010 年第 5 期。

刁统菊、郭海红：《日本民俗学姻亲关系研究述略》，《云南民族大学学报》（哲学社会科学版）2010 年第 4 期。

杜正胜：《编户齐民：传统政治社会结构之形成》，联经出版公司 2018 年版。

费侠莉：《繁盛之阴：中国医学史中的性（960—1665）》，甄橙主译，江苏人民出版社 2006 年版。

费孝通：《家庭结构变动中的老年赡养问题——再论中国家庭结构的变动》，《北京大学学报》（哲学社会科学版）1983 年第 3 期。

费孝通：《乡土中国生育制度》，北京大学出版社 1998 年版。

弗洛玛·沃希：《正常家庭过程：多元性与复杂性》，刘翠莲等译，生活·读书·新知三联书店 2013 年版。

盖尔·卢宾：《女人交易：性的"政治经济学"初探》，王政译，载王政、杜芳琴主编《社会性别研究选译》，生活·读书·新知三联书店 1998 年版。

黄双全：《新婚姻法的五项基本原则》，《社会科学》1980 年第 5 期。

洪淑苓：《每逢佳节女思亲——从"回娘家看女性与节日习俗的关系"》，《妇研纵横》2003 年第 7 期。

金耀基：《从传统到现代》，中国人民大学出版社 1999 年版。

韩敏：《回应革命与改革》，江苏人民出版社 2007 年版。

贺美德、鲁纳：《"自我"中国：现代中国社会中个体的崛起》，许烨芳等译，上海译文出版社 2011 年版。

吉国秀：《婚姻支付变迁与姻亲秩序谋划——辽东 Q 镇的个案研究》，《社会学研究》2007 年第 1 期。

蒋晓平：《话语理性到实践理性：社会学研究中的制度—行动关系——兼论社会学制度主义理论内核的嬗变》，《天府新论》2014年第4期。

金一虹：《"铁姑娘"再思考——中国文化大革命期间的社会性别与劳动》，《社会学研究》2006年第1期。

金一虹：《中国新农村性别结构变迁研究：流动的父权》，南京师范大学出版社2015年版。

景晓芬、李世平：《姻亲关系的变化趋势及影响因素分析——从代际支持的角度》，《西北人口》2012年第2期。

卡尔·曼海姆：《卡尔·曼海姆精粹》，徐彬译，南京大学出版社2002年版。

凯琳·萨克斯：《重新解读恩格斯——妇女、生产组织和私有制》，柏棣译，载王政、杜芳琴主编《社会性别研究选译》，生活·读书·新知三联书店1998年版。

康岚：《反馈模式的变迁：代差视野下的城市代际关系研究》，上海大学硕士学位论文，2009年。

利翠珊：《婆媳与母女：不同世代女性家庭经验的观点差异》，《女学学志：妇女与性别研究》2002年第13期。

李安宅：《〈仪礼〉与〈礼记〉之社会学的研究》，上海人民出版社2005年版。

李博柏：《试论我国传统家庭的婆媳之争》，《社会学研究》1992年第6期。

李才香：《"回娘家"习俗变迁机制研究——以鲁中地区L村为例》，《北方民族大学学报》（哲学社会科学版）2018年第4期。

李洁：《"人"的再生产——清末民初诞生礼俗的仪式结构与社会意涵》，《社会学研究》2018年第5期。

李静雅：《夫妻权力的影响因素分析——以福建省妇女地位调查数据为例》，《妇女研究论丛》2013 年第 5 期。

李霞：《人类学视野中的中国妇女——海外人类学之汉族妇女研究述评》，《国外社会科学》2002 年第 2 期。

李霞：《依附者还是构建者·关于妇女亲属关系的一项民族志研究》，《思想战线》2005 年第 1 期。

李霞：《娘家与婆家：华北农村妇女的生活空间和后台权力》，社会科学文献出版社 2010 年版。

李银河：《家庭结构与家庭关系的变迁基于兰州的调查分析》，《甘肃社会科学》2011 年第 1 期。

林耀华：《义序的宗族研究》，生活·读书·新知三联书店 2000 年版。

刘传霞、石成城：《集体主义时期城市底层家庭妇女的自我认同与主体建构——从茹志鹃的〈如愿〉〈春暖时节〉谈起》，《妇女研究论丛》2018 年第 3 期。

刘思达：《割据的逻辑：中国法律服务市场的生态分析》，生活·读书·新知三联书店 2011 年版。

刘维芳：《试论〈中华人民共和国婚姻法〉的历史演进》，《当代中国史研究》2014 年第 1 期。

刘汶蓉：《转型期的家庭代际情感与团结——基于上海两类"啃老"家庭的比较》，《社会学研究》2016 年第 4 期。

罗伯特·K. 默顿：《社会理论和社会结构》，唐少杰、齐心等译，译林出版社 2015 年版。

罗慧兰、王向梅：《中国妇女史》，当代中国出版社 2016 年版。

罗杰·古尔德：《意愿的冲撞：社会等级的歧义如何孕育冲突》，吴心越译，华东师范大学出版社 2017 年版。

罗丽莎：《另类的现代性：改革开放时代中国性别化的渴望》，黄新译，江苏人民出版社 2006 年版。

马春华等：《中国城市家庭变迁的趋势和最新发现》，《社会学研究》2011 年第 2 期。

麻国庆：《家与中国社会结构》，文物出版社 1999a 年版。

麻国庆：《分家：分中有继也有合——中国分家制度研究》，《中国社会科学》1999b 年第 1 期。

麻国庆：《类别中的关系：家族化的公民社会的基础——从人类学看儒学与家族社会的互动》，《文史哲》2008 年第 4 期。

马克·赫特尔：《变动中的家庭——跨文化的透视》，宋践、李茹等译，浙江人民出版社 1988 年版。

马克·格兰诺维特：《找工作：关系人与职业生涯的研究》，张文宏译，华东师范大学出版社 2020 年版。

马克斯·韦伯：《学术与政治》，冯克利译，生活·读书·新知三联书店 2005 年版。

玛丽·道格拉斯：《制度如何思考》，张晨曲译，经济管理出版社 2013 年版。

迈克尔·曼：《社会权力的来源》，陈海宏等译，上海人民出版社 2007 年版。

毛立平：《清代下层妇女与娘家的关系——以南部县档案为中心的研究》，《近代中国妇女史研究》2013 年第 21 期。

曼素恩：《缀珍录——十八世纪及其前后的中国妇女》，定宜庄、颜宜葳译，江苏人民出版社 2005 年版。

莫里斯·弗里德曼：《中国东南的宗族组织》，刘小春译，上海人民出版社 2000 年版。

米歇尔·福柯：《性史》（第一、二卷），张廷琛、林丽、范千红等译，上海科学技术文献出版社1989年版。

奈杰尔·拉波特、乔安娜·奥弗林：《社会文化人类学的关键概念》，鲍雯妍、张亚辉译，华夏出版社2005年版。

南方：《家庭资源与权力关系——农民工子女抚育策略决策机制的实证研究》，《北京社会科学》2017年第1期。

聂元龙：《山西民俗撷拾》，山西人民出版社2012年版。

彭希哲、胡湛：《当代中国家庭变迁与家庭政策重构》，《中国社会科学》2015年第12期。

皮埃尔·布迪厄：《实践感》，蒋梓骅译，译林出版社2003年版。

皮埃尔·布迪厄：《客观主义的客观局限性》，张博、刘阳译，载冯钢编选《社会学基础文献选读》，浙江大学出版社2008年版。

彭美玲：《传统习俗中的嫁女归宁》，《台大中文学报》2001年第14期。

齐格蒙特·鲍曼：《个体化社会》，范样涛译，生活·读书·新知三联书店2002年版。

乔治·赫伯特·米德：《心灵、自我和社会》，霍桂桓译，译林出版社2012年版。

沈海梅：《中间地带：西南中国的社会性别、族性与认同》，商务印书馆2012年版。

沈奕斐：《"后父权制时代"的中国——城市家庭内部权力关系变迁与社会》，《广西民族大学学报》（哲学社会科学版）2009年第6期。

沈奕斐：《个体化视角下的城市家庭认同变迁和女性崛起》，《学海》2013a年第2期。

沈奕斐：《个体家庭iFamily：国城市现代化进程中的个体、家庭与国家》，生活·读书·新知三联书店2013b年版。

宋立华：《关于家庭美德与传统文化的几点思考》，《山东女子学院学报》1998 年第 1 期。

孙晓冬、赖凯声：《有儿子的母亲更传统吗？——儿子和女儿对父母性别意识形态的影响》，《社会学研究》2016 年第 2 期。

塔尔科特·帕森斯：《社会行动的结构》，张明德、夏遇南、彭刚译，译林出版社 2003 年版。

唐灿、马春华、石金群：《女儿赡养的伦理与公平——浙东农村家庭代际关系的性别考察》，《社会学研究》2009 年第 6 期。

唐灿：《家庭现代化理论及其发展的回顾与评述》，《社会学研究》2010 年第 3 期。

唐雪琼、朱竑、薛熙明：《旅游发展对摩梭女性的家庭权力影响研究——基于泸沽湖地区落水下村和开基村的对比分析》，《旅游学刊》2009 年第 7 期。

上野千鹤子：《近代家庭的形成和终结》，吴咏梅译，商务印书馆 2004 年版。

王金玲：《家庭权力的性别格局：不平等还是多维度网状分布？》，《华中科技大学学报》（社会科学版）2009 年第 2 期。

王均霞、李彦炜：《个人生活史、生活场域与乡村女性的亲属关系实践》，《北方民族大学学报》（哲学社会科学版）2016 年第 3 期。

王倩楠、何雪松：《从"回娘家"到"联谊会"：外嫁女的"报"与新宗族主义的兴起》，《妇女研究论丛》2020 年第 2 期。

王宇、左停：《日常生活视角下的农村女性家庭权力研究》，《人口与社会》2016 年第 2 期。

王跃生：《个体家庭、网络家庭和亲属圈家庭分析——历史与现实相结合的视角》，《开放时代》2010 年第 4 期。

王天夫等：《土地集体化与农村传统大家庭的结构转型》，《中国社会科学》2015 年第 2 期。

魏开琼：《女性主义方法论：能否讲述更好的故事》，《浙江学刊》2008 年第 6 期。

维克多·特纳：《象征之林》，赵玉燕、欧阳敏、徐洪峰译，商务印书馆 2006 年版。

威廉·古德：《家庭》，魏章玲译，社会科学文献出版社 1986 年版。

薇薇安娜·A. 泽利泽：《亲密关系的购买》，姚伟、刘永强译，上海人民出版社 2009 年版。

翁玲玲：《麻油鸡之外——妇女作月子的种种情事》，稻乡出版社 1994 年版。

乌尔里希·贝克：《风险社会》，何博闻译，译林出版社 2004 年版。

乌尔里希·贝克、伊丽莎白·贝克—格恩斯海姆：《个体化》，李荣山、范譞、张惠强译，北京大学出版社 2011 年版。

吴飞：《浮生取义》，中国人民大学出版社 2009 年版。

吴小英：《"他者"的经验和价值——西方女性主义社会学的尝试》，《中国社会科学》2002 年第 6 期。

吴小英：《当知识遭遇性别——女性主义方法论之争》，《社会学研究》2003 年第 1 期。

吴小英：《女性主义的知识范式》，《国外社会科学》2005 年第 3 期。

笑冬：《最后一代传统婆婆》，《社会学研究》2002 年第 5 期。

许烺光：《祖荫下：中国乡村的亲属·人格与社会流动》，王芃、徐隆德译，南天书局 2001 年版。

萧凤霞：《妇女何在——抗婚和华南地域文化的再思考》，张小军等译，《中国社会科学（季刊）》1996 第 14 期。

肖索未：《"严母慈祖"：儿童抚育中的代际合作与权力关系》，《社会学研究》2014 年第 6 期。

肖索未、关聪：《情感缓冲、中间人调节与形式民主化：跨代同住家庭的代际关系协调机制》，《社会学评论》2018 年第 5 期。

萧扬：《婚姻法与婚姻家庭 50 年》，《中国妇联》2000 年第 5 期。

徐安琪：《夫妻权力模式与女性家庭地位满意度研究》，《浙江学刊》2004 年第 2 期。

徐安琪：《夫妻权力和妇女家庭地位的评价指标：反思与检讨》，《社会学研究》2005 年第 4 期。

阎云翔：《私人生活的变革：一个中国村庄里的爱情、家庭与亲密关系（1949—1999）》，龚小夏译，上海书店出版社 2009 年版。

阎云翔：《中国社会的个体化》，陆洋等译，上海译文出版社 2012 年版。

阎云翔：《中国城市青年中的父母干预型离婚与个体化》，倪顺江译，《国际社会科学杂志》（中文版）2016 年第 1 期。

阎云翔：《社会自我主义：中国式亲密关系——中国北方农村的代际亲密关系与下行式家庭主义》，杨雯琦译，《探索与争鸣》2017 年第 7 期。

杨华：《隐藏的世界：湘南水村妇女的人生归属与生命意义》，中国政法大学出版社 2012 年版。

杨菊华、李路路：《代际互动与家庭凝聚力——东亚国家和地区比较研究》，《社会学研究》2009 年第 3 期。

杨善华：《理解普通妇女——兼谈女性研究的方法论问题》，《妇女研究论丛》2004 年第 5 期。

叶光辉：《华人双元孝道模型的系列研究》，中国社会心理学会学术研讨会论文，2006 年。

叶茹萍：《非典型家庭家务分工：一个有娘家支持系统的远距家庭实录》，《家庭教育双月刊》2011 年第 5 期。

伊沛霞：《内闱：宋代妇女的婚姻和生活》，胡志宏译，江苏人民出版社 2005 年版。

翟学伟：《信任的本质及其文化》，《社会》2014 年第 1 期。

詹姆斯·C. 斯科特：《国家的视角：那些试图改善人类状况的项目是失败的》，王晓毅译，社会科学文献出版社 2004 年版。

张景燮：《无个体主义的个体化：东亚社会的压缩现代性和令人困惑的家庭危机》，载上海社会科学院家庭研究中心编《中国家庭研究》（第七卷），上海社会科学院出版社 2012 年版。

张乐天：《告别理想：人民公社制度研究》，上海人民出版社 2005 年版。

张敏杰：《中国的婚姻与家庭》，东方出版中心 2017 年版。

张青：《父权制与回娘家节日禁忌传承》，《民俗研究》2014 年第 4 期。

张士闪：《礼俗互动与中国社会研究》，《民俗研究》2016 年第 6 期。

张婷婷：《新国家与旧家庭：集体化时期中国乡村家庭的改造》，《华东理工大学学报》（社会科学版）2014 年第 3 期。

张卫国：《"嫁出去的女儿泼出去的水？"——改革开放后中国北方农村已婚妇女与娘家日益密切的关系》，《中国乡村研究》2010 年第 7 期。

郑丹丹：《中国城市家庭夫妻权力研究》，华中科技大学出版社 2004 年版。

郑丹丹、狄金华：《女性家庭权力、夫妻关系与家庭代际资源分配》，《社会学研究》2017 年第 1 期。

郑曦原、李方惠：《通向未来之路：与吉登斯对话》，四川人民出版社 2002 年版。

钟涨宝、尤鑫：《亲属支持对农村女性家庭权力影响的实证研究——基于 CGSS 2006 数据的分析》，《华中科技大学学报（社会科学版）》2014 年第 1 期。

周恩来：《关于劳动工资和劳保福利问题的报告》，载《周恩来经济文选》，中央文献出版社 1993 年版。

周雪光：《组织社会学十讲》，社会科学文献出版社 2003 年版。

周雪光：《中国国家治理的制度逻辑：一个组织学研究》，生活·读书·新知三联书店 2017 年版。

朱斌、乔天宇：《“妻管严”的婚姻生活幸福吗？——基于家庭权力关系与婚姻满意度的分析》，《青年研究》2015 年第 5 期。

朱炳祥：《人类社会学》（第 2 版），武汉大学出版社 2009 年版。

滋贺秀三：《中国家族法原理》，张建国、李力译，商务印书馆 2013 年版。

左际平：《从多元视角分析中国城市的夫妻不平等》，《妇女研究论丛》2002 年第 1 期。

Martin King Whyte：《中国城市家庭生活的变迁与连续性》，伊洪译，《开放时代》2005 年第 3 期。

Brinton，Mary C. & Victor Nee 1998，*The New Institutionalism in Sociology*，New York：Russell Sage Foundation.

Davis，Deborah S. 2014，“Privatization of Marriage in Post – Socialist China”，*Modern China*，Vol. 40，No. 6.

Friedland，Roger & Robert R. Alford 1991，“*Bringing Society Back In：Symbols，Practices，and Institutional Contradictions*”，In W. Powell & P. DiMaggio（eds.），The New Institutionalism in Organizational Analysis. Chicago and London：The University of Chicago Press.

Hall，Peter A. & Rosemary C. R. Taylor 1996， “*Political Science and the Three New Institutionalisms*”，Political Studies，1996，Vol. 44，No. 5.

Hochschild，Arlie & Anne Machung 2012，*The Second Shift：Working Families and the Revolution at Home*，New York：Penguin Books.

Judd, Ellen R 1989, "*Niangjia: Chinese Women and Their Natal Families*", Journal of Asian Studies, Vol. 48, No. 3.

March, James G. & Johan P. Olsen 1984, "*The New Institutionalism: Organizational Factors in Political Life*", American Political Science Review, Vol. 78, No. 3.

March, James G. & Johan P. Olsen 2006, "*Elaborating the New Institutionalism*", In R. A. W. Rodes, Sarah A. Binder & Bert A. Rockman (eds.), The Oxford Handbook of Political Institutions. Oxford: Oxford University Press.

Meyer, John W. & Brian Rowan 1977, "*Institutionalized Organizations: Formal Structure as Myth and Ceremony*", American Journal of Sociology, Vol. 83, No. 2.

Scott, Jacqueline, Judith Treas & Martin Richards (eds.) 2004, *The Blackwell Companion to the Sociology of Families*, Oxford: Blackwell Publishing.

Wolf, Margery 1972, *Women and the Family in Rural Taiwan*, Stanford: Stanford University Press.

Rodman, Hyman 1972, "*Marital Power and the Theory of 'Resources in Cultural Context*", Journal of Comparative Family Studies 3.

Safilios – Rothschild, C. 1967, "A Comparison of Power Structure and Marital Satisfaction in Urban Greek and French families", Journal of Marriage and the Family 29.

Olson, David H. & Carolyn Rabunsky 1972, "*Validity of Four Measures of Family Power*", Journal of Marriage and the Family34 (2).

Pillsbury, Barbara L. 1978, "'*Doing the month': Confinement and Convalescence of Chinese Women after Childbirth*", Social Science & Medicine Part B Medical Anthropology 12 (12).

Walby，Sylvia 1989，"*Theorising Patriarchy*"，Sociology 23（23）．

Holroyd，Eleanor，Sheila Twinn & I. W. Mphil 2005，"*Exploring Chinese Women's Cultural Beliefs and Behaviours Regarding the Practice of a Doing the Month*"，Women & Health 40（3）．

后　记

　　终于到了书籍结尾、表达感激的时刻，这也意味着博士三年求学生涯的结束，以及弥足珍贵的师生和同伴联结的改变。

　　闯入"性别与家庭"这一方向，兴趣和想象力出自"野路子"。然而，就是这样的一个学生，有幸忝列吴老师的门生，一点一点，通过上课、交流和旁听等方式，在老师的指引与鼓励下，拓宽视野，获得新知。自己是一个总犯错的学生，老师的耐心教导、真诚牵引和不放弃，成为我坚持与成长的强大动力。没有什么是导师一定要做的，对吴老师所做的一切，我心怀感恩、感念，千千万万。

　　也要感谢我的室友刘诗瑶。三年倏忽而过，同诗瑶的相互交流与相互鼓励使我受益颇多，而诗瑶对我的不厌其烦和友善，亦使我心怀愧疚与感谢。谢谢你，诗瑶。

　　同时，还要感谢我的家人，"一家人"三个字，尽在不言中。

　　此外，还要感谢中国社会科学院社会学所的石金群老师、何蓉老师、夏传玲老师、赵锋老师、殷维老师、杨晶晶老师、陈光金老师，研究生院的班主任关希丽老师、图书馆的廖老师与何老师、医务室的各位老师以及不再一一点出名字的其他老师。我还要感谢社会学班的诸位同学，如师姐李一、同门刘新宇、师弟齐鑫等，李明锋、李倍倍、刘新宇、黄永亮、李卉、耿亚平、刘艺、徐珥玉、柳楚佩、李强、张宾、白舒惠、陈寅欢、张露思、王鸥、刘斐丽、张云亮等，以及其他师友（包括《青年研究》、《妇女研究论丛》和《中国研究》的编辑老师们，自媒体运营者如"社会学吧的小V""社会学了没的社长"和"小二姐"等）。谢谢你们，让我读博三年的时光充实而美好。这篇书稿的完成，离不开你们点点滴滴的帮助与指引。我从与你们的交谈中获益良多，虽然彼此研究方向不同、关注兴趣各异，但正是在有意无意的沟通互动中，你们给予了我一次又一次的启发甚至顿悟。此外，在研究生院的日常生活中，你们的热心和帮忙也成为我读博记忆中的一抹亮色。感谢的语言总是贫乏，但感念的心始终真挚，谢谢你们。

最后，感谢编辑何蒂老师的热情、耐心与负责。

话语寥寥，心思万千。祝福大家一切顺遂。

刘　洁